现代财务会计与企业管理研究

朱丰伟　袁雁鸣　安金萍◎著

中国商务出版社

图书在版编目（CIP）数据

现代财务会计与企业管理研究 / 朱丰伟，袁雁鸣，安金萍著. -- 北京：中国商务出版社，2022.9
　　ISBN 978-7-5103-4491-6

Ⅰ. ①现… Ⅱ. ①朱… ②袁… ③安… Ⅲ. ①企业管理－财务会计－研究 Ⅳ. ①F275.2

中国版本图书馆CIP数据核字(2022)第194825号

现代财务会计与企业管理研究
XIANDAI CAIWU KUAIJI YU QIYE GUANLI YANJIU

朱丰伟　袁雁鸣　安金萍　著

出　　版	中国商务出版社
地　　址	北京市东城区安外东后巷28号　　邮　编：100710
责任部门	教育事业部（010-64283818）
责任编辑	丁海春
直销客服	010-64283818
总 发 行	中国商务出版社发行部　（010-64208388　64515150）
网购零售	中国商务出版社淘宝店　（010-64286917）
网　　址	http://www.cctpress.com
网　　店	https://shop162373850.taobao.com
邮　　箱	347675974@qq.com
印　　刷	北京四海锦诚印刷技术有限公司
开　　本	787毫米×1092毫米　1/16
印　　张	12.25　　　　　　　　　　　　字　数：253千字
版　　次	2023年5月第1版　　　　　　　　印　次：2023年5月第1次印刷
书　　号	ISBN 978-7-5103-4491-6
定　　价	70.00元

凡所购本版图书如有印装质量问题，请与本社印制部联系（电话：010-64248236）

版权所有　盗版必究　（盗版侵权举报可发邮件到本社邮箱：cctp@cctpress.com）

前　言

企业作为一个运作系统，由人、财、物三部分有机组成，通过各部分的密切联系，促进整个系统的有效运行，完成预期的工作目标，实现企业运行所要达到目的。对整个企业的管理而言，只有充分发挥财务会计的相关职能，才能有效地提高企业管理水平，实现企业效益最大化。

随着现代企业制度的推行，企业的发展既要满足时代需要，又要结合自身实际情况，不断进行改革创新，促进企业健康持续发展，而企业的财务会计在企业管理中起着至关重要的作用。财务会计作为传统的对外提供财务报告的会计，随着技术和经济环境的变化，其理论和实务也在发展。首先，信息技术的日新月异为财务会计工作的现代化带来了机遇，众多信息披露工具的出现也给财务会计带来了前所未有的竞争压力，传统的财务会计面临如何适应新技术环境的挑战，以求得生存和发展；其次，近年来资本市场的迅猛发展，企业发展已成为我国财务会计改革和发展的主要动力，上市公司规模大，业务复杂，组织设计和业务创新层出不穷，不断给财务会计实务提出新的课题，当然也给财务会计理论的发展带来了动力。

基于此，本书从现代财务会计的理论基础介绍入手，针对金融资产、固定资产和无形资产进行了分析研究；另外对负债与所有者权益核算、财务会计管理做了一定的介绍；还对企业管理理念提升与现代企业管理创新与发展提出了一些建议；旨在摸索出一条适合现代财务会计与企业管理工作的科学道路，帮助其工作者在应用中少走弯路，运用科学方法，提高效率。

本书在撰写的过程中，参考和采用了大量的财务会计、企业财务管理、企业管理等方面的资料，借鉴了很多相关的研究成果以及著作、期刊、论文等，在此向有关专家和学者致以诚挚的感谢。另外，由于作者水平、时间和精力有限，书中提出的一些观点可能还存在一些不妥之处，有一些内容还有待于进一步深入研究和论证，恳切地希望各位读者提出宝贵意见和建议。

作　者

目 录

第一章 现代财务会计的理论基础 ························· 1
第一节 会计理论的定位与作用 ························· 1
第二节 财务会计的职责与工作流程 ····················· 4
第三节 会计凭证、会计账簿与会计报表 ················· 7

第二章 金融资产 ····································· 13
第一节 金融资产及其分类 ····························· 13
第二节 交易性金融资产 ······························· 15
第三节 持有至到期投资 ······························· 18
第四节 贷款和应收款项 ······························· 21
第五节 可供出售金融资产 ····························· 24
第六节 金融资产减值 ································· 27

第三章 固定资产和无形资产 ··························· 32
第一节 固定资产和无形资产概述 ······················· 32
第二节 固定资产的初始计量与后续计量 ················· 38
第三节 无形资产的初始计量与后续计量 ················· 48
第四节 固定资产和无形资产的处置 ····················· 54

第四章 负债与所有者权益核算 ························· 57
第一节 银行借款的核算 ······························· 57
第二节 应付及预收款项 ······························· 61

第三节　职工薪酬与应交税费 ……………………………………… 64

　　第四节　应付股利及其他应付款 …………………………………… 75

　　第五节　应付债券及长期应付款 …………………………………… 76

　　第六节　实收资本、资本公积与留存收益 ………………………… 79

第五章　财务会计管理 ………………………………………………… 86

　　第一节　财务会计管理的概念 ……………………………………… 86

　　第二节　财务会计管理的目标 ……………………………………… 91

　　第三节　财务会计管理的环节 ……………………………………… 96

　　第四节　财务会计管理的环境 ……………………………………… 101

第六章　现代企业思维创新及商业模式 ……………………………… 112

　　第一节　思维创新及思维创新的激发 ……………………………… 112

　　第二节　企业领导者的思维创新及创新观念的树立 ……………… 120

　　第三节　商业模式创新主导的企业创新 …………………………… 127

　　第四节　商业模式及互联网商业模式创新 ………………………… 128

　　第五节　创新网络与创新型企业的商业模式 ……………………… 141

第七章　现代企业管理创新与发展 …………………………………… 148

　　第一节　现代企业管理信息系统开发及维护 ……………………… 148

　　第二节　现代企业管理沟通形式及模式方法 ……………………… 156

　　第三节　现代企业管理的有效沟通 ………………………………… 163

　　第四节　现代企业管理创新体系及管理 …………………………… 166

　　第五节　现代企业竞争力的提升及创新实践 ……………………… 173

参考文献 ………………………………………………………………… 186

第一章 现代财务会计的理论基础

第一节 会计理论的定位与作用

一、会计理论的定位

财务会计理论是从会计实践中产生的，在历史的变迁中不断演化形成了现代财务会计的理论框架。研究财务会计理论对于理解今天的财务会计实务以及预测未来都具有重要的意义。

理论是一套紧密相连的假定性、概念性和实用性的原理的整体，构成了对所要探索领域的可供参考的一般框架。

研究会计理论就要科学地界定会计的概念，合理地确定会计的范围，以进一步发展会计理论，指导会计实践，并不断改进会计实务，为会计信息使用者提供信息，为会计研究人员扩大会计应用范围提供有用的框架。

二、会计理论的功能

由于理论是对现实的抽象和简化，而现实世界不但错综复杂而且日新月异，因此完美无缺的会计理论实际上是不存在的。人们对会计理论加以选择的一个重要标准就是会计理论所能解释和预测会计实务的范围及其对使用者的改进。

对会计理论的作用或功能的认识，有两种不同的观点，其中规范会计研究者认为会计理论的作用在于解释、预测和指导会计实务；而实证研究者认为理论的作用仅限于解释和预测。

我国正处于实现中华民族伟大复兴的关键时期，经济已由高速增长阶段转向高质量发展阶段。经济长期向好，市场空间广阔，发展韧性强大，正在形成以国内大循环为主体、国内国际双循环相互促进的新发展格局。我国经济正处在转变发展方式、优化经济结构、转换增长动力的攻关期，会计理论面临新的发展机遇，会计理论研究空前活跃，会计改革涌现出来的新情况、新问题，迫切需要会计理论适时做出科学的解释与指导。制定适合中国社会主义特色市场经济的会计法规、会计政策、会计准则，也需要会计理论研究作为坚强的后盾。因此，我国会计理论研究，除了发挥信息需要、教学需要和政策支持功能外，还应积极吸收发达国家的先进会计理念、会计理论和会计方法，为我国会计改革服务，促进我国的经济发展和经济体制进一步完善。

三、会计理论的性质

会计理论的目标是解释和预测会计实务。我们给会计实务下的定义较为广泛，由于会计的性质和发展与审计紧密相关，审计实务也被视作会计实务的组成部分。

解释是指为观察到的实务提供理由。譬如，会计理论应当解释为什么有些公司在存货计价时采用后进先出法，而不是先进先出法。

预测则是指会计理论应能够预计未观察到的会计现象。未观察到的会计现象未必就是未来现象，它们包括那些已经发生、但尚未收集到与其有关的系统证据的现象。例如，会计理论应能够针对采用后进先出法公司与采用先进先出法公司的不同特征提出假想。这类预测可以利用历史数据对采用这两种方法的公司的属性加以验证。

上述理论观点直接或间接构成了经济学上大部分以经验为依据的研究基础，它也是科学上广为采用的理论观点。

四、会计理论的重要性

许多人都必须做出与对外会计报告有关的决策。公司管理人员必须决定采用何种会计程序来计算对外报告中的有关数据，例如，他们必须决定是采用直线法还是采用加速法来计算折旧；管理人员必须向会计准则制定机构陈述意见；管理人员必须决定何时陈述意见，赞成或反对哪种程序；最后，管理人员还必须选聘一个审计事务所。

注册会计师经常应管理人员的要求就对外报告应采用何种会计程序提出建议。此外，注册会计师自己也必须决定是否对提议中的会计准则进行表态，如果要表态的话，应持何种立场。

信贷机构（如银行与保险公司）的负责人也必须对采用不同会计程序对公司的资信进行评比。作为债权人或投资者，他们在做出贷款或投资决策之前，必须对不同会计程序的含义加以权衡。此外，贷款协议一般都附有以会计数据为依据的、公司必须遵循的条款，否则贷款将被取消，信贷机构的负责人必须规定贷款协议中的有关数据应采用何种会计程序（如果有的话）来计算。

投资者和受雇于经纪人事务所、养老金、基金会以及诸如此类机构的财务分析专家也必须分析会计数据，作为他们投资决策的依据之一。具体地说，他们必须对采用不同会计程序和聘请不同审计师的公司的投资进行评价。与注册会计师和公司经理人员一样，财务分析专家也必须对潜在的会计准则陈述自己的意见。

会计准则制定机构，如财务会计准则委员会和证券交易委员会的成员负责制定会计准则。他们必须决定何种会计程序应予认可，据以限制各个公司可供使用的会计程序。他们还必须决定公司对外报告的频率（如月、季、半年或年度）和必须加以审计的内容。

当假定所有这些团体在对会计和审计程序做出选择或提出建议时，都是为了尽可能维护其自身的利益（即他们的预期效用）。为了做出有关会计报告的决策，这些团体或个人都需要了解备选报告对其利益的影响程度。例如，在选择折旧方法时，公司管理人员需要分别了解直线折旧法与加速折旧法对其自身利益的影响状况。如果公司管理人员的利益依赖于公司的市场价值（通过优先认股计划、贷款协议和其他机制加以表现），那么公司管理人员就希望了解会计决策对股票和债券价格的影响。因此，管理人员需要一种能够解释会计报告与股票、债券价格之间的相互关系的理论。

股票和债券的价格并不是进行会计报告决策借以影响个人利益的唯一变量，要确定会计报告决策与影响个人利益的变量之间的关系相当困难。会计程序与证券市场价值的关系错综复杂，不能单纯通过观察会计程序变化时证券价格的变化来加以确定。同样地，备选会计程序和备选报告以及审计方法对债券价格、证券交易委员会的预算和会计实务的影响也相当复杂，不能仅仅依靠观察予以确定。

注册会计师或公司管理人员也许会观察到会计程序变化与证券价格变化等变量之间存在着联系，但却无法断定这种联系是否属于因果关系。证券价格的变化可能不是由于程序变化所引起的，也就是说，这两种变化都可能是其他事项发生变化的结果。在这种情况下，会计程序变化并不一定导致证券价格的变化。为了做出合乎因果逻辑的解释，实务工作者需要一种能解释变量之间相互联系的理论。这种理论能够使实务工作者把因果关系与某个特定变量（如程序的变化）联系起来。

当然，根据其自身的经验，注册会计师、信贷机构等团体的负责人也可建立一套含蓄的理论，并在决策时用以评估不同会计程序或会计程序变化的影响。研究人员应能够提供更有助于决策者尽可能增大其利益的理论。

第二节　财务会计的职责与工作流程

财务会计的职责主要是对企业已经发生的交易或信息事项，通过确认、计量、记录和报告等程序进行加工处理，并借助于以财务报表为主要内容的财务报告形式，向企业外部的利益集团（政府机构、企业投资者和债权人等）及企业管理者提供以财务信息为主的经济信息。这种信息是以货币作为主要计量尺度并结合文字说明来表述的，它反映了企业过去的资金运动或经济活动历史。

一、设置会计科目

所谓会计科目，就是对会计对象的具体内容进行分类核算的项目。按其所提供信息的详细程度及其统驭关系不同，会计科目又分为总分类科目（或称一级科目）和明细分类科目。前者是对会计要素具体内容进行总括分类，提供总括信息的会计科目，如"应收账款""原材料"等科目；后者是对总分类科目做进一步分类，提供更详细更具体的会计信息科目，如"应收账款"科目按债务人名称设置明细科目，反映应收账款的具体对象。

会计科目是复式记账和编制记账凭证的基础。我国现行的统一会计制度中对企业设置的会计科目做出了明确规定，以保证不同企业对外提供的会计信息的可比性。一般来讲，一级科目应严格按照《企业会计准则——应用指南》中的内容设置，明细科目可参照设置。

设置会计科目就是在设计会计制度时事先规定这些项目，然后根据它们在账簿中开立相关账户（针对部分科目），并分类、连续地记录各项经济业务，反映由于各经济业务的发生而引起各会计要素的增减变动情况。

会计科目与账户的关系：账户是根据会计科目设置的，具有一定格式和结构，用于分类反映会计要素增减变动情况及其结果的载体。实际上，账户就是根据会计科目在会计账簿中的账页上开设的户头，以反映某类会计要素的增减变化及其结果。

会计科目的设置原则主要包括如下三点：第一，合法性原则：应当符合国家统一会计制度的规定。第二，相关性原则：应为提供有关各方所需要的会计信息服务，满足对外报告与对内管理的要求。第三，实用性原则：应符合企业自身特点，满足企业实际需要。

设置会计科目主要包括两项工作，一是设计会计科目表，以解决会计科目的名称确定、分类排列、科目编号问题；二是编写会计科目使用说明，其内容主要包括各个会计科目的核算内容、核算范围与核算方法，明细科目的设置依据及具体明细科目设置，所核算内容的会计确认条件及时间和会计计量的有关规定，对涉及该科目的主要业务账务处理进行举例说明，以便会计人员据此准确地处理会计业务。

二、复式记账

复式记账是与单式记账相对应的一种记账方法。这种方法的特点是对每一项经济业务都要以相等的金额，同时记入两个或两个以上的有关账户。通过账户的对应关系，可以了解有关经济业务内容的来龙去脉；通过账户的平衡关系，可以检查有关业务的记录是否正确。

复式记账法的类型主要有借贷记账法、收付记账法和增减记账法，但我国和大多数国家都只使用借贷记账法。该记账方法的特点如下：

1. 使用借贷记账法时，账户被分为资产（包括费用）类和负债及所有者权益（包括收入与利润）类两大类别。

2. 借贷记账法以"借""贷"为记账符号，以"资产＝负债＋所有者权益"为理论依据，以"有借必有贷，借贷必相等"为记账规则。

3. 借贷记账法的账户基本结构分为左、右两方，左方称为借方，右方称为贷方。在账户借方记录的经济业务称为"借记某账户"，在账户贷方记录的经济业务称为"贷记某账户"。至于借方和贷方究竟哪一方用来记录金额的增加，哪一方用来记录金额的减少，则要根据账户的性质来决定。

资产类账户的借方登记增加额，贷方登记减少额；负债及所有者权益类账户的贷方登记增加额，借方登记减少额。

4. 账户余额一般在增加方，例如，资产类账户余额一般为借方余额，负债类账户余额一般为贷方余额。资产类账户的期末余额公式为：期末借方余额＝期初借方余额＋本期借方发生额－本期贷方发生额；负债及所有者权益类账户的期末余额公式为：期末贷方余额＝期初贷方余额＋本期贷方发生额－本期借方发生额。

5. 为了检查所有账户记录是否正确，可进行试算平衡。这里有两种方法，一是发生额试算平衡法，其公式为：全部账户本期借方发生额合计＝全部账户本期贷方发生额合计；二是余额试算平衡法，其公式为：全部账户的借方期初余额合计＝全部账户的贷方期初余额合计，全部账户的借方期末余额合计=全部账户的贷方期末余额合计。

三、填制和审核凭证

会计凭证是记录经济业务、明确经济责任的书面证明，是登记账簿的依据。凭证必须经过会计部门和有关部门审核，只有经过审核并正确无误的会计凭证才能作为记账的根据。

四、登记账簿

账簿是用来全面、连续、系统记录各项经济业务的簿籍，是保存会计数据、资料的重要工具。登记账簿就是将会计凭证记录的经济业务，序时、分类记入有关簿籍中设置的各个账户。登记账簿必须以凭证为依据，并定期进行结账、对账，以便为编制会计报表提供完整、系统的会计数据。

五、成本计算

成本计算是指在生产经营过程中，按照一定对象归集和分配发生的各种费用支出，以确定该对象的总成本和单位成本的一种专门方法。通过成本计算，可以确定材料的采购成本、产品的生产成本和销售成本，可以反映和监督生产经营过程中发生的各项费用是否节约或超支，并据此确定企业经营盈亏。

六、财产清查

财产清查是指通过盘点实物、核对账目，保持账实相符的一种方法。通过财产清查，可以查明各项财产物资和货币资金的保管和使用情况，以及往来款项的结算情况，监督各类财产物资的安全与合理使用。如在清查中发现财产物资和货币资金的实有数与账面结存数额不一致，应及时查明原因，通过一定审批手续进行处理，并调整账簿记录，使账面数额与实存数额保持一致，以保证会计核算资料的正确性和真实性。

七、编制会计报表

会计报表是根据账簿记录定期编制的、总括反映企业和行政事业单位特定时点（月末、季末、年末）和一定时期（月、季、年）财务状况、经营成果以及成本费用等的书面文件。主要的财务报表包括资产负债表、利润表和现金流量表。

第三节　会计凭证、会计账簿与会计报表

在会计核算方法体系中，就其工作程序来说，主要是三个环节：填制和审核凭证、登记账簿和编制会计报表。在一个会计期间所发生的经济业务，都要通过这三个环节进行会计处理，从而将大量的经济业务转换为系统的会计信息。这个转换过程，即从填制和审核凭证到登记账簿，直至编出会计报表周而复始的变化过程，就是一般称谓的会计循环。

一、会计凭证

会计凭证是记录经济业务、明确经济责任、按一定格式编制的据以登记会计账簿的书面证明。

会计凭证分为原始凭证和记账凭证，前者是在经济业务最初发生之时即行填制的原始书面证明，如销货发票、款项收据等；后者是以原始凭证为依据，对原始凭证进行归类整理，并编制会计分录的凭证，它还是记入账簿内各个分类账户的书面证明，如收款凭证、付款凭证、转账凭证等。

会计分录是指对某项经济业务标明其应借应贷账户及其金额的记录，简称分录。会计分录的三个要素分别是：应记账户名称、应记账户方向（借或贷）和应记金额。会计分录的步骤包括四步：第一步，分析经济业务事项涉及的会计要素；第二步，确定涉及的账户；第三步，确定所记账户的方向；第四步，确定应借应贷账户是否正确，借贷金额是否相等。

收款凭证和付款凭证是用来记录货币收付业务的凭证，它们既是登记现金日记账、银行存款日记账、明细分类账及总分类账等账簿的依据，也是出纳人员收、付款项的依据。

出纳人员不能依据现金、银行存款收付业务的原始凭证收付款项，而必须根据会计主管人员审核批准的收款凭证和付款凭证收付款项，以加强对货币资金的管理。

凡是不涉及银行存款和现金收付的各项经济业务，都需要编制转账凭证。例如，购原材料，但没有支付货款；某单位或个人以实物投资等，此时都应编制转账凭证。

如果是银行存款和现金之间相互划拨业务，例如，将现金存入银行，或者从银行提取现金，按我国会计实务惯例，此时应编制付款凭证。

如果按适用的经济业务来划分，记账凭证可分为专用记账凭证和通用记账凭证两类。

其中，专用记账凭证是用来专门记录某一类经济业务的记账凭证。按其所记录的经济业务与现金和银行存款的收付有无关系，又分为收款凭证、付款凭证和转账凭证三种；通用记账凭证是以一种格式记录全部经济业务，它不再分为收款凭证、付款凭证和转账凭证。在经济业务比较简单的经济单位，为了简化凭证，可以使用通用记账凭证记录所发生的各种经济业务。

如果按记账凭证包括的会计科目是否单一，记账凭证又可分为复式记账凭证和单式记账凭证两类。其中，复式记账凭证又称多科目记账凭证，它要求将某项经济业务所涉及的全部会计科目集中填列在一张记账凭证上。复式记账凭证可以集中反映账户的对应关系，便于更好地了解经济业务的全貌，了解资金的来龙去脉，以及便于查账。复式记账凭证可以减少填制记账凭证的工作量，减少记账凭证的数量，其缺点是不便于汇总计算每一会计科目的发生额，不便于分工记账。前面介绍的收款凭证、付款凭证和转账凭证等都是复式记账凭证。

单式记账凭证是指，把一项经济业务所涉及的每个会计科目分别填制记账凭证，每张记账凭证只填列一个会计科目的记账凭证。单式记账凭证包括单式借项凭证和单式贷项凭证。单式记账凭证的内容单一，有利于汇总计算每个会计科目的发生额，可以减少登记总账的工作量；但制证工作量较大，不利于在一张凭证上反映经济业务的全貌，不便于查找记录差错。实务中使用单式记账凭证的单位很少。

二、会计账簿

会计账簿是指由一定格式的账页组成，以会计凭证为依据，全面、系统、连续地记录各项经济业务的簿籍。设置和登记会计账簿是重要的会计核算基础工作，是连接会计凭证和会计报表的中间环节。

填制会计凭证后之所以还要设置和登记账簿，是由于二者虽然都是用来记录经济业务，但二者具有不同作用。在会计核算中，对每一项经济业务都必须取得和填制会计凭证，因而会计凭证数量很多，很分散，而且每张凭证只能记载个别经济业务的内容，所提供的资料是零星的，不能全面、连续、系统地反映和监督一个经济单位在一定时期内某一类和全部经济业务活动情况，不便于日后查阅。

因此，为了给经济管理提供系统的会计核算资料，各单位都必须在凭证的基础上设置和运用登记账簿，从而把分散在会计凭证上的大量核算资料加以集中和归类整理，生成有用的会计信息，从而为编制会计报表、进行会计分析以及审计提供主要依据。

(一) 账簿的分类

账簿的分类方法主要有三种，即可以分别按用途、账页格式、外形特征分类。

1. 按用途分类

如果按用途分类，会计账簿可分为序时账簿、分类账簿和备查账簿。其中，序时账簿又称日记账，它是按照经济业务发生或完成时间的先后顺序逐日逐笔进行登记的账簿。序时账簿是会计部门按照收到会计凭证号码的先后顺序进行登记的。库存现金日记账和银行存款日记账是最典型的序时账簿。

分类账簿是对全部经济业务事项按照会计要素的具体类别而设置的分类账户进行登记的账簿。按其提供核算指标的详细程度不同，分类账簿又分为总分类账和明细分类账。其中，总分类账简称总账，它是根据总分类科目开设账户，用来登记全部经济业务，进行总分类核算，提供总括核算资料的分类账簿；明细分类账简称明细账，它是根据明细分类科目开设账户，用来登记某一类经济业务，进行明细分类核算，提供明细核算资料的分类账簿。

备查账簿又称辅助账簿，它是对某些在序时账簿和分类账簿等主要账簿中都不予登记或登记不够详细的经济业务事项进行补充登记时使用的账簿，它可以对某些经济业务的内容提供必要的参考资料。备查账簿的设置应视实际需要而定，并非一定要设置，而且没有固定格式，如租入固定资产登记簿、代销商品登记簿等。

2. 按账页格式分类

如果按账页格式分类，会计账簿可分为两栏式账簿、三栏式账簿和数量金额式账簿。其中，两栏式账簿是只有借方和贷方两个基本金额的账簿，各种收入、费用类账户都可以采用两栏式账簿；三栏式账簿是设有借方、贷方和余额三个基本栏目的账簿，各种日记账、总分类账、资本、债权、债务明细账都可采用三栏式账簿；数量金额式账簿在借方、贷方和金额三个栏目内都分设数量、单价和金额三小栏，借以反映财产物资的实物数量和价值量。原材料、库存商品、产成品等明细账通常采用数量金额式账簿。

3. 按外形特征分类

如果按外形特征分类，会计账簿可分为订本账、活页账和卡片账。其中，订本账是在启用前将编有顺序页码的一定数量账页装订成册的账簿，它一般适用于重要且具有统驭性的总分类账、现金日记账和银行存款日记账。

活页账是将一定数量的账页置于活页夹内，可根据记账内容的变化随时增加或减少部分账页的账簿，它一般适用于明细分类账。

卡片账是将一定数量的卡片式账页存放于专设的卡片箱中，账页可以根据需要随时增添的账簿。卡片账一般适用于低值易耗品、固定资产等的明细核算。在我国，一般只对固定资产明细账采用卡片账形式。

（二）记账规则

1. 登记账簿的依据

为了保证账簿记录的真实、正确，必须根据审核无误的会计凭证登账。

2. 登记账簿的时间

各种账簿应当多长时间登记一次，没有统一规定。但是，一般的原则是：总分类账要按照单位所采用的会计核算形式及时登账，各种明细分类账要根据原始凭证、原始凭证汇总表和记账凭证每天进行登记，也可以定期（三天或五天）登记。但是现金日记账和银行存款日记账应当根据办理完毕的收付款凭证，随时逐笔顺序进行登记，最少每天登记一次。

依据《会计基础工作规范》规定：实行会计电算化的单位，总账和明细账应当定期打印。发生收款和付款业务的，在输入收款凭证和付款凭证的当天必须打印出现金日记账和银行存款日记账，并与库存现金核对无误。

3. 登记账簿的规范要求

（1）登记账簿时应当将会计凭证日期、编号、业务内容摘要、金额和其他有关资料逐项记入账内。同时，记账人员要在记账凭证上签名或者盖章，并注明已经登账的符号（如打"√"），以防止漏记、重记和错记情况的发生。

（2）各种账簿要按账页顺序连续登记，不得跳行、隔页。如发生跳行、隔页，应将空行、空页画线注销，或注明"此行空白"或"此页空白"字样，并由记账人员签名或盖章。

（3）凡须结出余额的账户，应当定期结出余额。现金日记账和银行存款日记账必须每天结出余额。结出余额后，应在"借或贷"栏内写明"借"或"贷"的字样。没有余额的账户，应在该栏内写"平"字并在余额栏"元"位上用"0"表示。

（4）每登记满一张账页结转下页时，应当结出本页合计数和余额，写在本页最后一行和下页第一行有关栏内，并在本页的摘要栏内注明"转后页"字样，在次页的摘要栏内注明"承前页"字样。

三、财务报表

常见的企业财务报表主要包括"资产负债表""利润表""现金流量表"等，通过这些报表可了解企业的财务状况、变现能力、偿债能力、经营业绩、获利能力、资金周转情况等。投资人可以据此判断企业的经营状况，并对未来的经营前景进行预测，从而进行决策。

在现代企业制度下，企业所有权和经营权相互分离，使企业管理层与投资者或债权人之间形成了受托、委托责任。企业管理层受委托人之托经营管理企业及其各项资产，负有受托责任；企业投资者和债权人需要通过财务报表了解管理层保管、使用资产的情况，以便评价管理层受托责任的履行情况。

（一）资产负债表

资产负债表亦称财务状况表，表示企业在一定日期（通常为各会计期末）的财务状况（即资产、负债和所有者权益）。资产负债表利用会计平衡原则，将合乎会计原则的资产、负债、股东权益交易科目分为"资产"和"负债及所有者权益"两大区块，在经过分录、转账、分类账、试算、调整等会计程序后，以特定日期的静态企业情况为基准，浓缩成一张报表。

（二）利润表

利润表是反映企业在一定会计期间经营成果的报表，又称动态报表，也称损益表、收益表等。

通过利润表，可以反映企业一定会计期间的收入实现情况，即实现的主营业务收入有多少、实现的其他业务收入有多少、实现的投资收益有多少、实现的营业外收入有多少等；可以反映一定会计期间的费用耗费情况，即耗费的主营业务成本有多少、主营业务税金有多少、营业费用、管理费用、财务费用各有多少、营业外支出有多少等；可以反映企业生产经营活动的成果，即净利润的实现情况，据以判断资本保值、增值情况等。

将利润表中的信息与资产负债表中的信息相结合，还可以提供进行财务分析的基本资料，如将赊销收入净额与应收账款平均余额进行比较，计算出应收账款周转率；将销货成本与存货平均余额进行比较，计算出存货周转率；将净利润与资产总额进行比较，计算出资产收益率等，可以表现企业资金周转情况以及企业的盈利能力和水平，便于会计报表使用者判断企业未来的发展趋势，做出经济决策。

（三）现金流量表

现金流量表是财务报表的三个基本报告之一，也叫账务状况变动表，所表达的是在一个固定期间（通常是每月或每季）内企业现金（包含现金等价物）的增减变动情形。

现金流量表主要反映了资产负债表中各个项目对现金流量的影响，并根据其用途划分为经营、投资及融资三个活动分类。现金流量表可用于分析企业在短期内有没有足够现金去应付开销。

第二章 金融资产

第一节 金融资产及其分类

一、金融资产的概念

金融资产属于企业资产的重要组成部分,主要包括:库存现金、银行存款、应收账款、应收票据、其他应收款、股权投资、债权投资和衍生金融工具形成的资产等。下面主要讲述的金融资产不包括库存现金、银行存款、衍生金融工具。

二、金融资产的分类

企业在初始确认时将金融资产划分为以下四类:以公允价值计量且其变动计入当期损益的金融资产;持有至到期投资;贷款和应收款项;可供出售金融资产。

(一)以公允价值计量且其变动计入当期损益的金融资产

以公允价值计量且其变动计入当期损益的金融资产,可以进一步分为交易性金融资产和指定为以公允价值计量且其变动计入当期损益的金融资产两类。在此,仅介绍交易性金融资产。

交易性金融资产是指企业为了近期内出售或回购而持有的金融资产,通常是指不超过一年的投资,如企业从二级市场购买的股票、债券、基金等。企业持有交易性金融资产的目的是短期从市场上买卖获利。

金融资产满足以下条件之一,应划分为交易性金融资产:

(1)取得金融资产的目的主要是为了近期内出售。如以赚取差价为目的购入的股票、债券、基金等。

（2）属于进行集中管理的可辨认金融工具组合的一部分，且有客观证据表明企业近期采用短期获利方式对该组合进行管理。

（3）属于衍生工具。但是，被指定为有效套期关系中的衍生工具除外。

企业在初始确认某项金融资产为以公允价值计量且其变动计入当期损益的金融资产，则不能再将此项资产重分类为其他三类金融资产；其他三类金融资产也不能重分类为以公允价值计量且其变动计入当期损益的金融资产。

（二）持有至到期投资

持有至到期投资是指到期日固定、回收金额固定或可确定，且企业有明确意图和能力持有至到期的非衍生金融资产。

持有至到期投资具有的特征：持有至到期投资的回收的金额是固定或是可以确定的，到期日是明确的；持有至到期投资一定是债券投资，如企业从二级市场上购入的固定利率的国债、浮动利率金融债券等；持有至到期投资具有明确的意图和能力持有至到期；持有至到期投资是非衍生的金融资产。

企业应在每个资产负债表日对持有至到期投资的持有意图和能力进行评价，如果持有意图或持有能力发生变化，应当将其重分类为可供出售金融资产。

（三）贷款和应收账款

贷款和应收款项，是指在活跃市场中没有报价、回收金额固定或可确定的非衍生金融资产，如金融企业发放的贷款和其他债权；非金融企业持有的现金和银行存款、销售商品或提供劳务形成的应收款项、企业持有的其他企业的债权（不包括在活跃市场上有报价的债务工具）等，只要符合贷款和应收款项的定义，都可以划分为这一类。与持有至到期投资相比较，其中，回收金额固定或是可确定、非衍生金融资产这两个特征一样，两者的区别主要在于贷款和应收款项定义中特别强调的在活跃市场中没有报价。

（四）可供出售金融资产

可供出售金融资产是指初始确认时即被指定为可供出售的非衍生金融资产，以及除下列各类资产以外的金融资产：第一，贷款和应收款项；第二，持有至到期投资；第三，以公允价值计量且其变动计入当期损益的金融资产。企业在二级市场购入的股票、债券、基金等，没有划分为前三类金融资产的，就归类为可供出售金融资产。即在购买时持有的意图不明确的金融资产。

金融资产分类一经确定，不应随意变更。第一类金融资产和后面的三类不能够相互重分类；持有至到期投资与可供出售金融资产在符合一定条件情况下，可以重分类。

从计量方法的角度，金融资产又可以分为以公允价值计量的金融资产和以摊余成本（或成本）计量的金融资产两类。根据企业会计准则的有关规定，以公允价值计量的金融资产又分为两类：一类是以公允价值计量且其变动计入当期损益的金融资产（如交易性金融资产）；另一类是以公允价值计量且其变动计入所有者权益的金融资产（如可供出售金融资产）。

2017年，财政部修订发布了《企业会计准则第22号——金融工具确认和计量》《企业会计准则第23号——金融资产转移》和《企业会计准则第24号——套期会计》。按照修订后的准则，金融资产由之前的四分类改为三分类。企业根据管理金融资产的业务模式和金融资产的合同现金流量特征分为三类：以摊余成本计量的金融资产；以公允价值计量且其变动计入当期损益的金融资产；以公允价值计量且其变动计入其他综合收益的金融资产。新准则以业务模式的目标是为取得合同现金流与合同现金流仅为本金和利息的支付两个条件为维度，具体分类为：同时满足两个条件，划分为"摊余成本类"；如果业务模式是通过既收取合同现金流又出售金融资产来实现目标，并且合同现金流仅为本金和利息的支付，就划入以公允价值计量且其变动计入其他综合损益的金融资产；对于不满足合同现金流测试的，或者其他业务模式，一律以公允价值计量且其变动计入当期损益。

在新修订的准则框架下，允许企业将非交易性权益工具投资指定为以公允价值计量且其变动计入其他综合收益的金融资产进行处理，但该指定不可撤销，且在处置时也不得将原计入其他综合收益的累计公允价值变动额结转计入当期损益。

第二节　交易性金融资产

交易性金融资产是指企业为了近期内出售或回购而持有的金融资产，通常是指不超过一年的投资，如企业从二级市场购买的股票、债券、基金等。

对交易性金融资产的核算，企业应设置"交易性金融资产"科目，核算企业为交易目的所持有的债券投资、股票投资、基金投资、权证投资等和直接指定为以公允价值计量且其变动计入当期损益的金融资产，并按照交易性金融资产的类别和品种，分别设置"成本""公允价值变动"等明细科目进行明细核算。划分为交易性金融资产的衍生金融资产，不通过"交易性金融资产"科目核算。

对交易性金融资产的核算，包括交易性金融资产的初始计量和后续计量。

一、交易性金融资产初始计量

企业取得交易性金融资产时，按取得该项交易性金融资产的公允价值为初始入账金额，相关交易费用在发生时直接计入当期损益。

第一，按公允价值进行初始计量，交易费用计入当期损益。

按公允价值进行初始计量，交易费用计入当期损益（记入"投资收益"科目的借方）。

交易费用是指可直接归属于购买、发行或处置金融工具新增的外部费用，主要包括支付给代理机构、咨询公司、券商等的手续费和佣金以及其他必要支出，但不包括债券溢价、折价、融资费用、内部管理成本及其他与交易不直接相关的费用。企业为发行金融工具所发生的差旅费等，不属于交易费用。

第二，支付的价款中包含已宣告但尚未发放的现金股利或已到付息期但尚未领取的债券利息应当单独确认为应收项目。

支付的价款中包含已宣告但尚未发放的现金股利或已到付息期但尚未领取的债券利息，应当单独确认为应收项目（分别记入"应收股利"和"应收利息"科目），不计入交易性金融资产的初始入账金额中。

交易性金融资产初始计量的相关分录如下：

借：交易性金融资产——成本（公允价值）

应收股利或应收利息（买价中所含的现金股利或已到付息期尚未领取的利息）

投资收益（交易费用）

贷：银行存款等（实际支付的金额）

二、交易性金融资产的后续计量

交易性金融资产的后续计量是指企业取得了交易性金融资产之后，在相关时点的会计计量和处理。后续计量体现三个时点的会计处理，这三个时点分别是：持有期间取得利息或现金股利、资产负债表日以及处置交易性金融资产时。

（一）持有期间取得利息或现金股利

企业持有交易性金融资产期间，对于被投资单位宣告发放的现金股利，应于投资单位宣告发放现金股利时确认为投资收益；对于企业获得的债券利息，应在资产负债表日或付息日将利息收入确认为投资收益。

持有期间获得利息或现金股利时，编制分录如下：

借：应收股利或应收利息
  贷：投资收益

（二）资产负债表日的计量

交易性金融资产在资产负债表日应按照公允价值计量，公允价值与账面余额之差计入当期损益。

在资产负债表日，按照公允价值确认交易性金融资产的价值。公允价值与账面余额的差额，通过"交易性金融资产——公允价值变动"科目来反映和调整，计入当期损益时确认在"公允价值变动损益"科目。

在资产负债表日，如果公允价值高于账面余额，编制会计分录如下：

借：交易性金融资产——公允价值变动
  贷：公允价值变动损益

资产负债表日，如果公允价值低于账面余额，编制会计分录如下：

借：公允价值变动损益
  贷：交易性金融资产——公允价值变动

（三）交易性金融资产的处置

交易性金融资产的处置是指将交易性金融资产出售。在处置金融资产时，售价与账面价值之间的差额确认为投资收益；同时调整公允价值变动损益。

企业出售交易性金融资产，该金融资产账面余额转出，按收到的金额确认"银行存款"等账户的增加，其差额确认为投资收益；同时，将该项交易性金融资产的公允价值变动转出，确认为投资收益。

处置交易性金融资产时，需要编制两笔分录：

(1) 交易性金融资产账面余额转出，确认投资收益

借：银行存款（实际收到的金额）

贷：交易性金融资产——成本

——公允价值变动（或相反）

投资收益（差额，或借方）

(2) 将原计入"公允价值变动损益"科目的累计公允价值变动额转出

借：公允价值变动损益

贷：投资收益或相反

第三节　持有至到期投资

持有至到期投资是指到期日固定、回收金额固定或可确定，且企业有明确意图和能力持有至到期的非衍生金融资产，如企业从二级市场上购入的固定利率的国债、浮动利率的金融债券等。

企业应设置"持有至到期投资"会计科目，用来核算企业持有至到期投资的价值。该科目属于资产类科目，应当按照持有至到期投资的类别和品种，分别设置"成本""利息调整""应计利息"等明细账进行明细核算。

一、持有至到期投资的初始计量

企业初始确认持有至到期投资时，应按公允价值与相关交易费用之和，确认初始入账金额。如果实际支付的价款中，包含已到付息期但尚未领取的债券利息，应单独确认为应收项目。

企业取得的持有至到期投资，应按该投资的面值，借记"持有至到期投资（成本）"，按支付的价款中包含的已到付息期但尚未领取的利息，借记"应收利息"科目，支付的银行存款是为取得投资发生的买价和交易费用之和，贷记入"银行存款"等科目，按其差额记入"持有至到期投资（利息调整）"的借方或贷方。

初始计量时可编制分录如下：

借：持有至到期投资——成本（面值）

——利息调整（或贷方）

应收利息（支付价款中包含的已到付息期尚未领取的利息）

贷：银行存款（买价和交易费用之和）

二、持有至到期投资的后续计量

持有至到期投资持有期间应采用实际利率法按摊余成本计量，按摊余成本和实际利率计算确认当期利息收入，计入投资收益。

（一）实际利率的测算

实际利率是指将金融资产在预期存续期间或适用的更短期间内的未来现金流量，折现为该金融资产当前账面价值所使用的利率。持有至到期投资的实际利率就是该债券未来现金流入的利息和本金折算为购入债券的入账价值的折现率。

持有至到期投资初始确认时，应当计算其实际利率，并在持有至到期投资预期存续期间或适用的更短期间内保持不变。

（二）摊余成本的计算

摊余成本是指持有至到期投资的初始确认金额经过下列调整后的结果：第一，扣除已收回的本金；第二，加上或减去采用实际利率法将该初始确认金额与到期日金额之间的差额进行摊销形成的累计摊销额；第三，扣除已发生的减值损失。

如果有客观证据表明该持有至到期投资按实际利率计算的各期利息收入与名义利率计算的相差很小，也可以采用名义利率摊余成本进行后续计量。

如果不存在已收回本金，也没有发生减值损失的情况下，计算摊余成本就是将持有至到期投资的初始确认金额加上或减去采用实际利率法将该初始确认金额与到期日金额之间的差额进行摊销形成的累计摊销额。具体而言，在这种情况下，计算期末摊余成本时，需要确认三个量：期初摊余成本、实际利息收入和按票面利率计算的现金流入。利息收入在计算时是以期初摊余成本乘以实际利率来确认的，这个利息收入是会计处理中确认的投资收益；企业收到的现金流入是按票面利率乘以面值，这构成企业的"应收利息"。期末摊余成本的计算公式如下：

期末摊余成本=期初摊余成本+实际利息-现金流入

如果还存在已收回本金、发生减值损失的情况下，期末摊余成本计算公式如下：

期末摊余成本=期初摊余成本+实际利息-现金流入-已收回的本金-已发生的减值损失

（三）持有至到期投资后续计量的会计处理

1. 资产负债表日

持有至到期投资在资产负债表日计提债券利息，并按实际利率法确认投资收益，调整为摊余成本。在资产负债表日的处理，根据付息方式而不同。

如果持有至到期投资为分期付息、一次还本债券投资的，应按票面利率计算确定的应收未收利息，借记"应收利息"科目，按持有至到期投资摊余成本和实际利率计算确定的利息收入，贷记"投资收益"科目，按其差额，借记或贷记"持有至到期投资——利息调整"。

如果持有至到期投资为一次还本付息债券投资，应于资产负债表日按票面利率计算确定的应收未收利息，借记"持有至到期投资——应计利息"，持有至到期投资摊余成本和实际利率计算确定的利息收入，贷记"投资收益"科目，按其差额，借记或贷记本科目"持有至到期投资——利息调整"。

当收到分期付息、一次还本的持有至到期投资持有期间支付的利息时，借记"银行存款"，贷记"应收利息"科目。

2. 持有至到期投资的出售

出售持有至到期投资时，应按实际收到的金额，借记"银行存款"等科目，已计提减值准备的，借记"持有至到期投资减值准备"科目，按其账面余额，贷记"持有至到期投资——成本、利息调整、应计利息"，按其差额，贷记或借记"投资收益"科目。

三、持有至到期投资的重分类

当企业所持有的持有至到期投资出现违背将投资持有到期的最初意图的情况，那么需要将该金融资产重分类为可供出售金融资产。

具体而言，当企业在本会计年度内出售的部分或者是重分类的部分占持有至到期投资总额的比例较大，那么剩余的持有至到期投资就应该重分类为可供出售金融资产，并以公允价值进行后续计量。

但是，下列情况例外：

1. 出售日或重分类日距离该项投资到期日或赎回日较近（如到期前3个月内），市场利率变化对该项投资的公允价值没有显著影响。

2. 根据合同约定的偿付方式，企业已收回几乎所有初始本金。

3. 出售或重分类是由于企业无法控制、预期不会重复发生且难以合理预计的独立事项所引起。

企业因出售或重分类持有至到期投资的金额较大而将剩余持有至到期投资重分类为可供出售金融资产后，在本会计年度及以后两个完整的会计年度内不得再将金融资产划分为持有至到期投资，直至两个完整的会计年度之后，企业才可以将符合规定条件的金融资产划分为持有至到期投资。

重分类时，可供出售金融资产按照公允价值来计量，结转的持有至到期投资是按摊余成本计量的，因此，重分类时应将其账面价值与公允价值之间的差额，记入所有者权益下的"其他综合收益"。

重分类为可供出售金融资产的分录：
借：可供出售金融资产（重分类日的公允价值）
持有至到期投资减值准备
贷：持有至到期投资——成本
——利息调整（或借方）
——应计利息
贷（或借）：其他综合收益

第四节　贷款和应收款项

一、贷款和应收款项的含义

贷款和应收款项，是指在活跃市场中没有报价、回收金额固定或可确定的非衍生金融资产。贷款和应收款项与持有至到期投资相比，共同的特点是回收金额固定或是可确定、属于非衍生金融资产，两者的区别主要在于贷款和应收款项是在活跃市场中没有报价的金融资产，而持有至到期投资则是"在活跃市场中有报价"的金融资产。

贷款是商业银行的一项主要业务，商业银行需要设置"贷款"科目对其发放的贷款和其他债权进行核算。应收款项是指非金融的其他一般企业销售商品或提供劳务形成的应收款项、企业持有的其他企业的债权（不包括在活跃市场上有报价的债务工具），主要包括应收账款、应收票据、其他应收款等。本节主要介绍应收款项。

二、应收款项的会计处理

（一）应收账款

应收账款是用来核算企业因销售产品、提供劳务等业务而向购货单位或接受劳务单位应收取的款项。应收账款的入账价值包括：企业因销售产品、提供劳务等业务而向购货单位或接受劳务单位应收取的款项、销售货物的增值税销项税额，以及代购货方垫付的包装费和运杂费等。应收账款核算设置"应收账款"账户，并应按照不同的购货单位设置明细账户，进行明细分类核算。

企业销售商品或提供劳务发生应收账款，在没有商业折扣情况下，按发票金额和代购货单位垫付的运费合计金额入账。存在商业折扣的情况下，应按扣除商业折扣后的金额入账。存在现金折扣的情况下，采用总价法入账，发生现金折扣时，作为财务费用处理。

（二）应收票据

应收票据是指企业持有的还没有到期、尚未兑现的商业票据。商业票据是由出票人签发的，委托付款人在指定日期无条件支付确定金额给收款人或持票人的票据。商业汇票的付款期限最长不得超过6个月。符合条件的持票人，可以持未到期的商业汇票连同贴现凭证向银行申请贴现。

1. 应收票据的种类

根据承兑人不同，商业汇票分为商业承兑汇票和银行承兑汇票两种。商业承兑汇票是指由付款人签发并承兑，或由收款人签发交由付款人承兑的汇票。银行承兑汇票是指由在承兑银行开立存款账户的存款人签发，由承兑银行承兑的票据。

商业汇票按是否计息可分为不带息商业汇票和带息商业汇票。不带息商业汇票是指商业汇票到期时，承兑人只按票面金额（面值）向收款人或被背书人支付款项的汇票。带息票据是指商业汇票到期时，承兑人必须按票面金额加上应计利息向收款人或被背书人支付票款的票据。一般而言，企业收到的应收票据，应按票据的面值入账。但对于带息的应收票据，应于期末按应收票据的票面价值和确定的利率计提利息，计提的利息应增加应收票据的账面价值。

2. 应收票据的确认和计量

应收票据的取得和收回业务，都是通过"应收票据"科目反映的。借方登记取得的应收票据的面值，贷方登记到期收回票款或前期向银行贴现的应收票据的票面余额，期末余额在借方，反映企业持有的商业汇票的票面金额。

持票人急需资金时，可将未到期的应收票据背书后转让给银行，银行受理后，扣除银行贴现率计算确定贴现息后，将余额付给贴现企业。持未到期的商业汇票到银行贴现，符合金融工具确认和计量准则有关金融资产终止确认条件的，应按照实际收到的金额与商业汇票的票面金额之差，记入"财务费用"科目；不符合金融工具确认和计量准则有关金融资产终止确认条件的，不应结转应收票据，应按实际收到的金额（即减去贴现息后的净额），借记"银行存款"科目，按贴现计息部分，借记"短期借款——利息调整"等科目，按商业汇票的票面金额，贷记"短期借款——成本"科目。

企业应当设置"应收票据备查簿"，逐笔登记每一应收票据的种类、号数和出票日期、票面金额、票面利率、交易合同号和付款人、承兑人、背书人的姓名或单位名称、到期日、背书转让日、贴现日期、贴现率和贴现净额、计提的利息，以及收款日期和收回金额、退票情况等资料。应收票据到期结清票款或退票后，应当在备查簿内逐笔注销。

（三）预付账款

预付账款是企业按照购货合同或劳务合同规定，预先支付给供货方或提供劳务方的账款。企业应设置"预付账款"科目，对预付账款进行核算。对于预付账款不多的企业，也可将预付的货款记入"应付账款"的借方。

预付账款的核算包括预付款项和收回货物或劳务两个环节。预付款项时，根据购货合同规定向供应单位预付款项时，借记"预付账款"科目，贷记"银行存款"科目；收回货物或劳务时，根据有关发票金额，借记"原材料""应交税费——应交增值税（进项税额）"等科目，贷记"预付账款"科目；预付货款如果不足，应将不足部分补足，借记"预付账款"，贷记"银行存款"。

（四）其他应收款

其他应收款是指企业除应收票据、应收账款、预付账款以外的其他各种应收、暂付款项，包括：应收的各种赔款、罚款；应收的出租包装物租金；应向职工收取的各种垫付款项；备用金；存出保证金，如租入包装物支付的押金；其他各种应收、暂付款项。

第五节　可供出售金融资产

可供出售金融资产是指初始确认时即被指定为可供出售的非衍生金融资产，以及除下列各类资产以外的金融资产：第一，贷款和应收款项；第二，持有至到期投资；第三，以公允价值计量且其变动计入当期损益的金融资产。企业购入在活跃市场有报价的股票、债券、基金等，没有划分为前三类金融资产的，就归类为可供出售金融资产。

可供出售金融资产可以分为可供出售债权工具和可供出售权益工具。可供出售债权工具是指企业取得的确认为可供出售金融资产的各种债权；可供出售权益工具是指企业取得的确认为可供出售金融资产的各种股权。如企业持有的上市公司限售股；持有的在活跃市场没有报价且对被投资企业不存在控制、共同控制和重大影响的股权，不符合交易性金融资产条件也不符合长期股权投资确认条件的，应确认为可供出售金融资产；企业持有至到期投资持有意愿发生变化而重分类为可供出售金融资产的债券。

企业应设置"可供出售金融资产"会计科目，核算该类可供出售金融资产的公允价值，并按照可供出售金融资产的类别和品种，分别设置"成本""利息调整""应计利息""公允价值变动"等明细账进行明细核算。

一、可供出售金融资产的初始计量

1. 可供出售金融资产按取得该项金融资产的公允价值进行初始计量，交易费用计入初始确认金额。

可供出售金融资产是权益工具投资的，发生的交易费用记入"可供出售金融资产——成本"明细科目中；如果是债务工具投资，与持有至到期投资的处理相似，"成本"明细科目登记债券的面值，交易费用记入"利息调整"明细科目。

2. 企业取得可供出售金融资产所支付的价款中包含已宣告但尚未发放的现金股利或已到付息期但尚未领取的债券利息应当单独确认为应收项目。

因此，可以把可供出售金融资产的初始计量，按照该项资产是股票或债券进行分类，初始计量具体处理如下：

①可供出售金融资产为权益工具投资，初始计量的相关分录如下：

借：可供出售金融资产——成本（公允价值与交易费用之和）

应收股利（支付的价款中包含的已宣告但尚未发放的现金股利）

贷：银行存款等（实际支付的金额）

②可供出售金融资产为债务工具投资的，初始计量的相关分录如下：

借：可供出售金融资产——成本（债券面值）

应收利息（支付的价款中包含的已到付息期但尚未领取的利息）

借或贷：可供出售金融资产——利息调整（差额）

贷：银行存款等（实际支付的金额）

如果可供出售金融资产是由持有至到期投资重分类取得，那么按照重分类的要求进行初始计量。企业因持有意图或能力发生改变，使某项投资不再适合划分为持有至到期投资的，应将其重分类为可供出售金融资产，并以公允价值进行后续计量。重分类日，该投资的账面价值与公允价值之间的差额计入其他综合收益。

借：可供出售金融资产（金融资产的公允价值）

持有至到期投资减值准备

贷：持有至到期投资（账面余额）

贷或借：其他综合收益（差额）

二、可供出售金融资产的后续计量

（一）不同情况分析

可供出售金融资产为权益工具的，在持有期间取得的现金股利，应当确认为投资收益；可供出售金融资产为债务工具的，在持有期间采用实际利率法计算的可供出售金融资产（债券投资）的利息，应计入当期损益。

1. 可供出售金融资产为股票投资，持有期间取得现金股利，会计分录如下：

借：应收利息

贷：投资收益

2. 可供出售金融资产为分期付息、一次还本债券投资，持有期间取得债券利息，会计分录如下：

借：应收利息（债券面值×票面利率）

借或贷：可供出售金融资产——利息调整（差额）

贷：投资收益（期初摊余成本×实际利率）

3. 可供出售金融资产为一次还本付息债券投资，持有期间的债券利息应确认为当期的投资收益，会计分录如下：

借：可供出售金融资产——应计利息（面值×票面利率）

借或贷：可供出售金融资产——利息调整（差额）

贷：投资收益（期初摊余成本×实际利率）

（二）资产负债表日

可供出售金融资产应当以公允价值进行后续计量，公允价值变动计入所有者权益。

需要说明的是，如果可供出售金融资产为不具有控制、共同控制和重大影响的股权投资，其公允价值不能直接取得，则可以将其成本视为公允价值，不再确认公允价值变动。

借：可供出售金融资产——公允价值变动

贷：其他综合收益

或相反。

需要注意，如果可供出售金融资产是债券投资，需要先按摊余成本确认当期投资收益，然后再按公允价值与摊余成本之差确认计入所有者权益。

（三）出售（终止确认）时情况

应将取得的处置价款和该金融资产的账面余额的差额，计入投资收益；同时，将原直接计入所有者权益的累计公允价值变动相应转出，计入当期损益。即将"其他综合收益"转出，转入投资收益。

借：银行存款等（实际收到的金额）

贷：可供出售金融资产——成本

——公允价值变动等

贷/借：投资收益（差额）

借（或贷）：其他综合收益（公允价值累计变动额）

贷（或借）：投资收益

第六节　金融资产减值

一、金融资产减值损失的确认

（一）金融资产减值的范围

企业应当在资产负债表日对以公允价值量且其变动计入当期损益的金融资产以外的金融资产（含单项金融资产或一组金融资产）的账面价值进行检查，有客观证据表明该金融资产发生减值的，应当确认减值损失，计提减值准备。在四类金融资产中，只有交易性金融资产不需要计提减值准备，其他三类（持有至到期投资、贷款和应收项目、可供出售金融资产）都需要在资产负债表日检查，并确认减值损失，计提减值准备。

确认减值的前提是该项金融资产有客观证据表明其发生了减值，该证据是指金融资产初始确认后发生的、对该金融资产的预计未来现金流量有影响，且企业能够对影响进行可靠计量的事项。

（二）金融资产减值的迹象

下列迹象可能导致金融资产发生减值，可以作为判断金融资产是否发生减值的客观证据：

(1) 发行方或债务人发生严重财务困难。

(2) 债务人违反了合同条款，如偿付利息或本金发生违约或逾期等。

(3) 债权人出于经济或法律等方面因素的考虑，对发生财务困难的债务人做出让步。

(4) 债务人很可能倒闭或进行其他财务重组。

(5) 因发行方发生重大财务困难，该金融资产无法在活跃市场继续交易。

(6) 无法辨认一组金融资产中的某项资产的现金流量是否已经减少，但根据公开的数据对其进行总体评价后发现，该组金融资产自初始确认以来的预计未来现金流量确已减少且可计量，如该组金融资产的债务人支付能力逐步恶化，或债务人所在国家或地区失业率提高、担保物在其所在地区的价格明显下降、所处行业不景气等。

(7) 债务人经营所处的技术、市场、经济或法律环境等发生重大不利变化，使权益工具投资人可能无法收回投资成本。

（8）权益工具投资的公允价值发生严重或非暂时性下跌。

（9）其他表明金融资产发生减值的客观证据。

二、持有至到期投资减值的计量

持有至到期投资减值的计量分为发生减值的计量和已确认减值损失的资产价值恢复的计量两部分。

（一）持有至到期投资发生减值的计量

资产负债表日，企业应将持有至到期投资按摊余成本计量。如果有客观证据表明其发生减值，应将摊余成本（账面价值）与该金融资产的预计未来现金流量现值进行比较，如果该金融资产预计未来现金流量现值较低，则二者差额确认为减值损失，计提减值准备。计算预计未来现金流量现值时，折现率的选择原则上首选该金融资产的原实际利率。确认持有至到期投资减值损失的具体账务处理为：

借：资产减值损失

贷：持有至到期投资减值准备

（二）持有至到期投资已确认减值损失的资产价值恢复的计量

对于持有至到期投资确认减值损失后，如有客观证据表明该金融资产价值已恢复，且客观上与确认减值损失后发生的事项有关，原已确认的减值损失应当予以转回，计入当期损益。但是，该转回后的账面价值不应当超过假定不计提减值准备情况下该金融资产在转回日的摊余成本。转回减值损失的会计分录如下：

借：持有至到期投资减值准备

贷：资产减值损失

持有至到期投资确认减值损失后，利息收入要继续确认，应当按照确定减值损失时对未来现金流量进行折现采用的折现率作为利率计算确认。

三、应收款项减值损失的计量

应收款项（包括应收账款、其他应收款等）减值的计量要求与持有至到期投资类似。应收款项的预计未来现金流量与其现值相差很小的，在确定相关减值损失时，可不对其预计未来现金流量进行折现，这也体现了会计核算的重要性原则。

（一）坏账提取金额的计算

在会计实务中，经常使用的确定应收款项减值金额的方法有应收款项余额百分比法和账龄分析法。

1. 应收款项余额百分比法

应收款项余额百分比法是按应收款项的期末余额和坏账比率计算确定减值金额，并据以计提坏账准备的方法。采用这一方法，应事先根据经验确定一个综合的坏账损失百分比，然后用此百分比乘以应收款的账面余额，确定每期坏账准备的期末余额，从而确定当期应计提的坏账准备的金额。

2. 账龄分析法

账龄分析法是根据各项应收款入账时间的长短来估计坏账损失的方法。

由于应收款拖欠期越长，发生坏账的概率越大。因此，将全部应收款按账龄分成若干组别，分别估计各组发生坏账的概率，然后用这些概率估计全部应收款的预计坏账总金额，并求得应计提的坏账准备金。

（二）应收款项减值计量的几种情况

1. 提取坏账准备，确认资产减值损失

企业应定期或会计期期末对应收款项进行减值测试，分析其可收回性，并预计可能发生的减值损失。对于单项金额重大的应收款项，应单独进行减值测试。有客观证据表明其发生了减值的，应当根据其未来现金流量现值低于其账面价值的差额，计提坏账准备，并确认资产减值损失，计入当期损益。单独进行减值测试未发生减值的，应当将其放在具有类似信用风险特征的应收款项组合中再进行减值测试。对于单项金额不重大的应收款项，可以单独进行减值测试，也可以包括在具有类似信用风险特征的应收款项组合中进行减值测试。如果有客观证据表明发生减值的，再按这些应收款项组合在资产负债表日余额的一定比例预计减值金额，计提坏账准备。

提取坏账准备的会计分录如下：

借：资产减值损失

贷：坏账准备

2. 发生坏账，转销应收款项

当有确凿证据表明确实无法收回或收回的可能性不大的应收款项，转销该应收款项账面余额，并转销坏账准备。

发生坏账时的会计分录如下：

借：坏账准备

贷：应收账款（或其他应收款）

3. 坏账恢复

当应收款项确认减值损失后，如有客观证据表明该应收款项价值已恢复，即坏账恢复，则原已确认的减值损失应当予以转回，计入当期损益。

坏账恢复的会计分录如下：

借：坏账准备

贷：资产减值损失

4. 坏账收回

坏账收回是指已作为坏账予以转销的应收款项，以后部分或全部收回。在坏账收回时，应先做一笔与原来转销应收款项相反的分录，然后再做一笔收回应收款项的分录。坏账收回的会计分录如下：

借：应收账款（或其他应收款）

贷：坏账准备

借：银行存款

贷：应收账款（或其他应收款）

四、可供出售金融资产减值损失的计量

可供出售金融资产出现公允价值发生大幅度的下降，或者预期这种下降趋势非暂时性下跌，即可认定该项可供出售金融资产发生了减值。

可供出售金融资产发生减值时，应确认减值损失。发生减值时，原直接计入所有者权益中的因公允价值下降形成的累计损失，应予以转出，计入资产减值损失。可供出售金融资产发生减值后，如果该金融资产是可供出售债务工具投资，利息收入要继续确认，应当按照确定减值损失时对未来现金流量进行折现采用的折现率作为利率计算确认。

对于已确认减值损失的可供出售债务工具，在随后的会计期间公允价值已上升且客观上与原减值损失确认后发生的事项有关的，原确认的减值损失应当予以转回，计入当期损

益；可供出售权益工具发生的减值损失，不得通过损益转回（通过其他综合收益转回）。

（一）可供出售金融资产发生减值时

发生减值条件的判断：公允价值发生严重下跌且是非暂时性的下跌。计提减值的会计分录为：

借：资产减值损失

贷：其他综合收益（原计入的累计损失）

可供出售金融资产——公允价值变动（公允价值与原账面余额的差额）

（二）已确认减值损失可供出售金融资产公允价值上升时

1. 如果是可供出售债务工具，公允价值上升

对于已确认减值损失的可供出售债务工具，在随后的会计期间公允价值已上升，可做相反的转回，即可以计入当期损益。会计分录如下：

借：可供出售金融资产——公允价值变动

贷：资产减值损失

2. 可供出售权益工具

可供出售权益工具，在随后会计期间公允价值回升，不得通过损益转回，而是转回资本公积。分录如下：

借：可供出售金融资产——公允价值变动

贷：其他综合收益

第三章 固定资产和无形资产

第一节 固定资产和无形资产概述

一、固定资产的概念和分类

（一）固定资产的概念和确认条件

1. 固定资产的概念和特征

固定资产是指为生产产品、提供劳务、出租或经营管理而持有的，使用年限超过一个会计年度的有形资产，包括房屋及建筑物、机器设备、运输设备、工具器具等。

固定资产有如下特征：

（1）持有固定资产的目的是为生产产品、提供劳务、出租或经营管理，不是为了将其直接出售获益，而是为了在生产经营过程中使用它们而受益，这是固定资产区别于企业持有的存货商品的重要特征。房地产开发企业持有的对外出售的房地产，并不是为生产商品、提供劳务、出租或经营管理而持有的，所以不属于固定资产，而是属于存货。对于出租，是指经营出租非房地产的资产，经营出租的房地产应作为投资性房地产。

（2）使用寿命一般超过一个会计年度。企业固定资产的受益期超过1年。这一特征使固定资产区别于流动资产。

（3）从存在形态上看，固定资产是有形资产。这一特征使固定资产区别于无形资产。

2. 固定资产的确认条件

固定资产除了符合上述定义，还需要符合以下两个条件才能予以确认：

（1）该固定资产包含的经济利益很可能流入企业

资产最为重要的特征是预期会给企业带来经济利益。如果其中一项预期不能给企业带来经济利益，就不能确认为企业的资产。固定资产是企业一项重要的资产，因此，对固定资产的确认，关键是需要判断其所包含的经济利益是否很可能流入企业。如果某一固定资产包含的经济利益不是很可能流入企业，那么，即使其满足固定资产确认的其他条件，企业也不应将其确认为固定资产；如果某一固定资产包含的经济利益很可能流入企业，并同时满足固定资产确认的其他条件，那么，企业应将其确认为固定资产。

在实务中，判断固定资产包含的经济利益是否很可能流入企业，主要是依据与该固定资产所有权相关的风险和报酬是否转移到了企业。其中，与固定资产所有权相关的风险是指，由于经营情况的变化造成的相关收益的变动，以及由于资产闲置、技术陈旧等原因造成的损失；与固定资产所有权相关的报酬是指，在固定资产使用寿命内直接使用该资产而获得的经济利益，以及处置该资产所实现的收益等。通常，取得固定资产的所有权是判断与固定资产所有权相关的风险和报酬转移到企业的一个重要标志。凡是所有权已属于企业，无论企业是否收到或持有该固定资产均应作为企业的固定资产；反之，如果没有取得所有权，即使存放在企业，也不能作为企业的固定资产。有时，企业虽然不能取得固定资产的所有权，但是，与固定资产所有权相关的风险和报酬实质上已转移给企业，此时，企业能够控制该项固定资产使其所包含的经济利益流入企业。比如，融资租入固定资产，企业虽然不拥有固定资产的所有权，但与固定资产所有权相关的风险和报酬实质上已转移到企业（承租方），此时，企业能够控制该固定资产所包含的经济利益，因此，符合固定资产确认的第一个条件。

（2）该固定资产的成本能够可靠地计量

成本能够可靠地计量，是资产确认的一项基本条件。固定资产作为企业资产的重要组成部分，要予以确认，其为取得该固定资产而发生的支出也必须能够确切地计量或合理地估计。如果固定资产的成本能够可靠地计量，并同时满足其他确认条件，就可以在会计报表中加以确认；否则，企业不应加以确认。

企业在确认固定资产成本时，有时需要根据所获得的最新资料，对固定资产的成本进行合理的估计。比如，企业对于已达到预定可使用状态的固定资产，在尚未办理竣工决算时，需要根据工程预算、工程造价或者工程实际发生的成本等资料，按暂估价值确定固定资产的入账价值，待办理了竣工决算手续后再做调整。

（二）固定资产的分类

1. 按固定资产的经济用途分类

按固定资产的经济用途分类，可分为生产经营用固定资产和非生产经营用固定资产。

生产经营用固定资产，是指直接服务于企业生产、经营过程的各种固定资产。如生产经营用的房屋、建筑物、机器、设备、器具、工具等。

非生产经营用固定资产，是指不直接服务于生产、经营过程的各种固定资产。如职工宿舍、食堂、浴室、理发室等使用的房屋、设备和其他固定资产等。

按照固定资产的经济用途分类，可以反映和监督企业生产经营用固定资产和非生产经营用固定资产之间，以及生产经营用各类固定资产之间的组成和变化情况，借以考核和分析企业固定资产的利用情况，促使企业合理地配备固定资产，充分发挥其效用。

2. 按固定资产所有权分类

按固定资产所有权分类可以分为自有固定资产和租入固定资产。

自有固定资产，是企业拥有的可供长期使用的固定资产。

租入固定资产，是企业向外单位租入，供企业在一定时期内使用的固定资产。租入固定资产的所有权属于出租单位。租入固定资产可分为经营租入固定资产和融资租入固定资产。

3. 按固定资产的经济用途和使用情况综合分类

我国企业会计制度对固定资产采用综合分类法，将固定资产按经济用途和使用情况分为七大类：生产经营用固定资产；非生产经营用固定资产；租出固定资产（指经营租赁方式出租给外单位使用的固定资产）；未使用固定资产；不需用固定资产；土地（指过去已经估价单独入账的土地。因征地而支付的补偿费，应计入与土地有关的房屋、建筑物的价值内，不单独作为土地价值入账。企业取得的土地使用权，应作为无形资产入账）；融资租入固定资产（指企业以融资租赁方式租入的固定资产）。

二、无形资产的概念和分类

（一）无形资产的概念和确认条件

1. 无形资产的概念和特征

无形资产是指企业拥有或者控制的没有实物形态的可辨认非货币性资产。无形资产具有如下特征：

（1）由企业拥有或者控制并能为其带来经济利益的资源

无形资产是一项资产，具有一般资产的特征。

（2）不具有实物形态

无形资产通常表现为某种权利（如土地使用权）、某种技术或是某种获取超额利润的能力（如非专利技术）。无形资产的这一特征，使其报废时一般情况下没有残值。

（3）具有可辨认性

符合下列条件之一的，认为其具有可辨认性：一是能够从企业中分离或者划分出来，并能单独或者与相关合同、资产或负债一起，用于出售、转移、授予许可、租赁或者交换；二是源自合同性权利或其他法定权利，无论这些权利是否可以从企业或其他权利和义务中转移或者分离。此项特征，使得商誉不同于无形资产，因为商誉具有不可辨认性。

（4）属于非货币性资产

无形资产一般不容易转化为现金，在持有无形资产的过程中，它为企业带来的经济利益的情况不确定，不能以确定的金额转化为现金，属于非货币性资产。这一特征不同于应收账款、应收票据等货币性资产。

2. 无形资产的确认条件

无形资产除了符合上述定义，还需要符合以下两个条件才能予以确认：

（1）该无形资产包含的经济利益很可能流入企业

无形资产产生的未来经济效益可能包括在销售商品、提供劳务的收入中，或企业使用该项无形资产而减少或节约了成本，或者体现在获得的其他利益当中。

（2）该无形资产的成本能够可靠地计量

企业自创商誉以及内部产生的品牌、内部刊物、企业的客户关系等，因其成本无法可靠计量，不能作为无形资产确认。

（二）无形资产的分类

1. 按无形资产的形成和来源分类

按照形成和来源不同，无形资产可以分为外部取得的无形资产和内部形成的无形资产。

外部取得的无形资产，是指企业用货币资金、投资者投入或者以其他资产相交换，取得的无形资产，具体包括：外购的无形资产、投资者投入的无形资产、企业合并取得的无形资产、债务重组取得的无形资产、以非货币性生产交换取得的无形资产以及政府补助取得的无形资产等；内部形成的无形资产，是指由企业内部自行研制开发取得的无形资产。

2. 按期限分类

按照是否具备确定的使用寿命，可以把无形资产分为使用寿命有限的无形资产和使用寿命不确定的无形资产。这种分类的目的主要是为了正确地对无形资产在其使用寿命内合理进行摊销。

使用寿命有限的无形资产，是能够估计其使用寿命的年限的无形资产。

使用寿命不确定的无形资产，是没有明确的合同或法律规定该项无形资产的使用寿命，从相关可参考的经验或专家论证等方面，也无法合理确定其为企业带来经济利益期限的无形资产。

3. 按经济内容分类

（1）专利权

专利权是国家专利管理机关依法授予发明人于一定年限内对其发明创造享有的专有权利，包括发明专利权、实用新型专利权和外观设计专利权。《中华人民共和国专利法》明确规定，专利人拥有的专利权受到国家法律保护。

专利权具有以下特征：一是垄断性，即专利权人享有独占其专利的权利，除非向专利权人购买专利或购买专利使用权，其他人不得使用该专利发明和创造。二是地域性，即任何专利权受法律的保护都有一定区域限制，一国批准的专利权只受本国或所参加的国际专利联盟的成员国的法律保护，超出这个范围，专利权就失去效力。三是时间性，即专利权，法律保护是有期限的，任何专利权超过法定期限后，便自行失效。

专利权允许其持有者独家使用或控制，但并不保证一定能给持有者带来经济效益，因此，企业不应将其所拥有的一切专利权都予以资本化，作为无形资产进行核算。一般而言，只有从外单位购入的专利或自行开发并按法律程序申请取得的专利，才能作为无形资产进行管理和核算。这种专利可以降低成本，或者提高产品质量或者将其转让出去获得转让收入。

（2）非专利技术

非专利技术，也称专有技术、技术秘密或技术诀窍，是指先进的、未公开的、未申请专利、可以带来经济效益的技术诀窍。主要包括：一是工业专有技术，即生产上已经采用，仅限于少数人知道，不享有专利权或发明权的生产、装配、修理、工艺或加工方法的技术知识；二是商业（贸易）专有技术，即具有保密性质的市场情报、原材料价格情报以及用户、竞争对象的情况和有关知识；三是管理专有技术，即生产组织的经营方式、管理方式、培训员工方法等保密知识。非专利技术并不是专利法保护的对象，专有技术所有人依靠自我保密的方式维持其独占权，可以用于转让和投资。

企业的非专利技术，有些是自己开发研究的，有些是根据合同规定从外部购入的。如果是企业自己开发研究的，应将符合国家规定的开发支出资本化条件的，确认为无形资产。对于从外部购入的非专利技术，应将实际发生的支出予以资本化，作为无形资产入账。

（3）商标权

商标权，是企业拥有的为了将自己生产或经销的商品区别于其他企业的商品而施加特殊标记或图案的一种专有权利。

企业自创的商标并将其注册，其注册登记费一般不多，是否将其资本化并不重要。为建立获利能力的商标，一般通过广告等手段，但广告费一般不作为商标权的成本，在发生时直接计入当期损益。

按照《中华人民共和国商标法》的规定，商标可以转让。如果企业购买他人的商标，一次性支出的费用较大的，可以将其资本化，作为无形资产处理，即根据购入商标的价款、支付的手续费以及有关费用作为商标的成本。

（4）著作权

著作权亦称版权，是国家版权管理机关依法授予著作人或文艺作品的创作人以及出版商在一定年限内发表、制作、出版和发行的专有权利。一般情况下，著作权并不赋予所有者唯一使用某一作品的权利，而只是赋予所有者向他人因公开发行、制作、出版或再版其作品而取得收益的权利。

（5）土地使用权

土地使用权是指国家准许某一企业或单位在一定期间内对国有土地享有开发、利用、经营的权利。在我国，任何企业或个人只能拥有土地使用权，没有所有权。企业取得土地使用权，应将取得时发生的支出予以资本化，作为土地使用权的成本，一般而言，应确认为无形资产，但属于投资性房地产或者作为固定资产核算的土地使用权，应当按照投资性房地产或固定资产的核算原则进行会计处理。

（6）特许权

特许权，也称经营特许权、专营权，是指企业在某一地区经营或销售某种特定商品的权利或是一家企业接受另一家企业使用其商标、商号、技术秘密等的权利。通常有两种形式，一种是由政府机构授权，准许企业使用或在一定地区享有经营某种业务的特权，如水、电、邮电通信等专营权、烟草专卖权等；另一种是企业间依照签订的合同，有限期或无限期使用另一家企业的某些权利，如连锁店分店使用总店的名称等。作为无形资产的特许权，是指后一种。

第二节 固定资产的初始计量与后续计量

一、固定资产的初始计量

固定资产应当按照成本进行初始计量。固定资产的成本，是指企业购建某项固定资产达到预定可使用状态前所发生的一切合理、必要的支出。这些支出包括直接发生的价款、运杂费、包装费和安装成本等，也包括间接发生的，如应承担的借款利息、外币借款折算差额以及应分摊的其他间接费用。

企业取得固定资产的方式包括外购取得、自行建造取得、租赁取得、投资者投入取得、非货币性资产交换取得、债务重组取得、企业合并取得、盘盈取得等，不同的取得方式，其成本的确定方法和账务处理程序也不同。

（一）外购固定资产

外购方式是企业取得固定资产的主要方式。企业外购的固定资产的成本，包括实际支付的买价、进口关税和其他税费、使固定资产达到预定可使用状态前所发生的可归属于该项资产的费用，如运输费、装卸费、安装费和专业人员服务费等。

企业外购固定资产取得增值税专用发票时，符合进项税额可抵扣条件的，其增值税进项税额不计入固定资产价值，作为进项税额单独核算。进项税额可以抵扣的固定资产是指使用期限超过12个月的机器、机械、运输工具以及其他与生产经营有关的设备、工具、器具等，房屋、建筑物等不动产不属于增值税纳税范围，包括附着在建筑物或构筑物上属于其组成部分的附属设备和配套设施，如给排水、采暖、卫生、通风、照明、通信、中央空调、电梯、智能化楼宇设备和配套设施等；与企业技术更新无关的且容易混为个人消费的自用消费品（如小汽车、游艇等）所含的增值税进项税额，不得抵扣，应计入所购资产的成本中。购买的房屋、建筑物等不动产，其进项税额在取得完税凭证的当期可抵扣其中的60%，剩余40%到第二年抵扣。入账时，借记"固定资产""应交税费——应交增值税（进项税额）""应交税费——待抵扣税额"科目，贷记"银行存款"等科目；待抵扣增值税时，借记"应交税费——应交增值税（进项税额）"，贷记"应交税费——待抵扣税额"。企业购买的不动产，如果属于集体福利设施，进项税额不能抵扣，应计入不动产成本。

外购固定资产分为购入不需要安装的固定资产和购入需要安装的固定资产两类。

1. 购入不需要安装的固定资产

购入不需要安装的固定资产，企业可以立即投入使用，按确认的入账价值直接计入固定资产成本。

2. 购入需要安装的固定资产

由于固定资产从运达企业，到达到预定可使用状态，还须安装和调试，并在安装调试过程中发生相关费用，因此需要先通过"在建工程"科目核算，待固定资产安装调试完毕，达到预定可使用状态，再将"在建工程"科目核算的固定资产的成本转入"固定资产"科目。

购买固定资产的价款超过正常信用条件延期支付，实质上具有融资性质的，固定资产的成本以购买价款的现值为基础确定。实际支付的价款与购买价款的现值之间的差额，即未确认融资费用，应当在信用期间内采用实际利率法进行摊销，摊销金额除满足借款费用资本化条件应当计入固定资产成本外，均应当在信用期间内确认为财务费用，计入当期损益。

（二）自行建造固定资产

企业自行建造固定资产，应按照建造该项资产达到预定可使用状态前所发生的一切必要支出，作为固定资产的成本。自行建造固定资产主要有自营和出包两种方式。

1. 自营方式建造固定资产

企业通过自营方式建造的固定资产，其入账价值应当按照该项资产达到预定可使用状态前所发生的必要支出确定。在建造过程中，发生的各项以达到工程完工为目的的支出，包括工程物资的使用、人工成本、资本化的借款利息等均应计入在建工程的成本中。建造完毕，固定资产达到预定可使用状态后，将其成本由"在建工程"转入"固定资产"账户中。

在确定自营工程成本时，还需要注意以下几个方面：

（1）工程完工后剩余的工程物资，如转作本企业库存材料的，按其实际成本或计划成本转作企业的库存材料。

（2）建设期间盘盈、盘亏、报废、毁损的工程物资，减去保险公司、过失人赔偿部分后的差额，工程项目尚未完工的，计入或冲减所建工程项目的成本；工程已经完工后发生的工程物资盘盈、盘亏、报废、毁损，计入当期营业外收支。

（3）工程达到预定可使用状态前因进行负荷联合试车所发生的净支出，计入工程成本。

企业的在建工程项目在达到预定可使用状态前所进行的负荷联合试车过程中形成的、能够对外销售的产品，其发生的成本，计入在建工程成本，销售或转为库存商品时，按其实际销售收入或预计售价冲减工程成本。

（4）所建造的固定资产已达到预定可使用状态，但尚未办理竣工决算的，应当自达到预定可使用状态之日起，根据工程预算、造价或者工程实际成本等，按估计价值转入固定资产，并按有关计提固定资产折旧的规定，计提固定资产折旧。待办理了竣工决算手续后再做调整。

（5）由于正常原因造成的单项工程或单位工程报废或毁损，减去残料价值和过失人或保险公司等赔款后的净损失或净收益，如果工程项目尚未达到预定可使用状态的，计入或冲减工程成本；如果工程项目已达到预定可使用状态的，属于筹建期间的，计入管理费用；不属于筹建期间的，直接计入当期营业外支出。由于非正常原因造成的单项工程或单位工程报废或毁损，或在建工程项目全部报废或毁损，减去残料价值和过失人或保险公司等赔款后的净损失，属于筹建期间的，计入管理费用；不属于筹建期间的，直接计入当期营业外支出。

（6）自营工程购入工程物资，如果用于生产经营设备的建造，支付的增值税税额不计入工程成本，进项税额可抵扣；如果用于厂房、建筑物等建筑工程，支付的增值税税额，当期可抵扣60％，剩余40％为待抵扣进项税额；如果用于企业职工福利设施工程，则支付的增值税不得抵扣，应计入工程成本。自营工程领用外购存货及领用自制半成品和产成品原理与工程物资的处理相同。

2. 出包方式建造固定资产

出包方式是指企业委托建筑公司等其他单位进行固定资产建造的方式。采用出包方式建造固定资产，企业要与建造承包商签订建造合同。采用出包工程方式的企业，固定资产成本包括发生的建筑工程支出、安装工程支出以及须分摊计入固定资产价值的待摊支出，通过"在建工程"科目核算。

（三）租入取得的固定资产

租赁取得的固定资产按照其是否转移与租赁资产所有权有关的全部风险和报酬，分为融资租赁和经营租赁。其中，融资租赁取得的固定资产要按照租入企业的固定资产进行处理；经营租赁取得的固定资产，企业仅将其租赁费用予以费用化即可。

1. 融资租赁租入固定资产

融资租赁是指实质上转移与资产所有权有关的全部的风险和报酬的租赁。

（1）融资租赁的判定标准

企业对租赁进行分类时，应当全面考虑租赁期届满时租赁资产所有权是否转移给承租人、承租人是否有购买租赁资产的选择权、租赁期占租赁资产使用寿命的比例等各种因素。

企业租赁满足下列标准之一的，应认定为融资租赁：

一是在租赁期届满时，资产的所有权转移给承租人。如果在租赁协议中已经约定，或者根据其他条件在租赁开始日就可以合理地判断，租赁期届满时出租人会将资产的所有权转移给承租人，那么该项租赁应当认定为融资租赁。

二是承租人有购买租赁资产的选择权，所订立的购价预计远低于行使选择权时租赁资产的公允价值，因而在租赁开始日就可合理地确定承租人将会行使这种选择权。

三是租赁期占租赁资产使用寿命的大部分。

四是就承租人而言，租赁开始日最低租赁付款额的现值几乎相当于租赁开始日租赁资产公允价值；就出租人而言，租赁开始日最低租赁收款额的现值几乎相当于租赁开始日租赁资产公允价值。

五是租赁资产性质特殊，如果不做较大修整，只有承租人才能使用。租赁资产是出租人根据承租人对资产型号、规格等方面的特殊要求专门购买或建造的，具有专购、专用性质。这些租赁资产如果不做较大的重新改制，其他企业通常难以使用。这种情况下，该项租赁也应当认定为融资租赁。

（2）融资租赁租入固定资产的会计处理

企业采用融资租赁租入固定资产作为一项企业的固定资产入账，同时确认相应的负债，并采用与自有固定资产相一致的折旧政策计提折旧。

企业为了与自有固定资产相区别，企业对融资租入固定资产单设"融资租入固定资产"明细账核算。在租赁期开始日，承租人应当将租赁开始日租赁资产公允价值与最低租赁付款额现值两者中较低者作为租入固定资产的入账价值，将最低租赁付款额作为长期应付款的入账价值，其差额作为未确认融资费用。融资租赁中，承租人初始直接费用（如在租赁谈判和签订租赁合同过程中发生的，可归属于租赁项目的手续费、律师费、差旅费、印花税等）应计入租入资产的价值。承租人初始确认时编制分录如下：

借：固定资产（租赁资产公允价值与最低租赁付款额现值两者中较低者+初始直接费用）

未确认融资费用

贷：长期应付款

银行存款

每期支付租金时，冲减"长期应付款"账户；如果支付的租金中包含履约成本，还应同时借记"制造费用""管理费用"等账户。每期分摊未确认融资费用时，按当期应分摊的确认融资费用金额，借记"财务费用"账户，贷记"未确认融资费用"账户。租赁期满，如合同规定将租赁资产所有权转归承租人，应进行转账，将固定资产从"融资租入固定资产"明细账转入有关明细账户。

2. 经营租赁租入固定资产

在经营租赁下，与租赁资产所有权有关的风险和报酬并没有实质上转移给承租人，承租人不承担租赁资产的主要风险，承租人对经营租赁的会计处理比较简单，承租人无须将所取得的租入资产的使用权资本化，相应地也不必将所承担的付款义务列作负债。对于经营租赁，承租人应当对租入的固定资产进行备查登记。支付租金应是按照租入资产的用途来列支，按照谁受益谁分担的原则处理，管理部门使用的则记入"管理费用"科目。如果承租企业在支付租金时，一次性支付超过一年以上的租金，先记入"长期待摊费用"科目，在确认各期租金费用时，根据谁受益谁分担的原则进行处理，记入相关费用科目。

（四）其他方式取得的固定资产

第一，投资者投入固定资产的成本，应在办理了固定资产移交手续之后，按照投资合同或协议约定的价值确定，但合同或协议约定价值不公允的除外。

第二，盘盈取得固定资产。企业在财产清查中盘盈的固定资产，作为前期差错更正处理。企业在财产清查中盘盈的固定资产，在按管理权限报经批准处理前，先通过"以前年度损益调整"账户核算。盘盈的固定资产，应按规定确定其入账价值：如果同类或类似固定资产存在活跃市场的，按同类或类似的固定资产的市场价格，减去按该项资产的新旧程度估计的价值损耗后的余额作为入账价值；如果同类或类似固定资产不存在活跃市场的，按该项固定资产的预计未来现金流量的现值作为入账价值。企业应按确定的入账价值，计入固定资产的账户。

第三，非货币性资产交换、债务重组等方式取得的固定资产的成本，应当分别按照非货币性资产交换及债务重组准则的有关规定确定，这部分内容将在后面章节中介绍。

（五）存在弃置费用的固定资产

对于特殊行业的特定固定资产，确定其成本时，还须考虑弃置费用。弃置费用通常是指根据国家法律和行政法规、国际公约等规定，企业承担的环境保护和生态恢复等义务所确定的支出，例如，核电站核设施等的弃置和恢复环境等义务，石油天然气开采企业油气资产的弃置费用。

对于这些特殊行业的特定固定资产，企业应按照弃置费用的现值计入相关固定资产成本，借记"固定资产"，贷记"预计负债"，随后要按照摊余成本和实际利率计算利息，并计入当期财务费用。

一般工商企业的固定资产发生的报废清理费用，不属于弃置费用，应当在发生时作为固定资产处置费用处理。

二、固定资产的后续计量

（一）固定资产的折旧

固定资产折旧，是指固定资产由于在使用过程中的损耗而定期逐渐转移到产品成本和费用中的那部分价值。折旧，是指在固定资产使用寿命内，按照确定的方法对应计折旧额进行系统分摊。固定资产在其使用期限内，服务于企业的生产经营活动，为企业赚取营业收入。但一项固定资产其内在的服务潜力会随着时间的推移和不断的使用而逐渐衰退或消逝，使固定资产变陈旧直至报废。在固定资产逐渐消耗的过程中，固定资产的成本就转化为费用，与其产生的收益相配合形成损益，这种转化就是折旧。

应计折旧额是指应当计提折旧的固定资产的原价扣除其预计净残值后的余额。如果对固定资产计提减值准备，还应扣除已计提的固定资产减值准备累计金额。

1. 固定资产折旧的计提范围

除下列情况外，企业应对所有固定资产计提折旧：

（1）已提足折旧仍继续使用的固定资产。

（2）按规定单独作价作为固定资产入账的土地。

已达到预定可使用状态的固定资产，如果尚未办理竣工决算的，应当按照估计价值确定其成本，并计提折旧；待办理了竣工决算手续后，再按照实际成本调整原来的暂估价值，但不需要调整原已计提的折旧额。

企业一般应当按月提取折旧，当月增加的固定资产，当月不提折旧，从下月起计提折旧；当月减少的固定资产，当月照提折旧，从下月起不提折旧。固定资产提足折旧后，不管能否继续使用，均不再提取折旧；提前报废的固定资产，也不再补提折旧。提足折旧是指已提足该项固定资产的应计折旧额。

融资租入的固定资产，应当采用与自有固定资产相一致的折旧政策。能够合理确定租赁期届满时将会取得租赁资产所有权的，应当在租赁资产尚可使用年限内计提折旧；无法合理确定租赁期届满时能够取得租赁资产所有权的，应当在租赁期与租赁资产尚可使用年限两者中较短的期间内计提折旧。

企业对固定资产进行更新改造而停止使用时，应将更新改造的固定资产账面价值转入在建工程，不再计提折旧。更新改造项目达到预定可使用状态转为固定资产后，再按重新确定的折旧方法和该项固定资产尚可使用年限计提折旧。因进行大修理而停用的固定资产，应当照提折旧。

2. 固定资产折旧方法

固定资产折旧的计算方法有平均年限法、工作量法、双倍余额递减法和年数总和法等。企业固定资产折旧方法一般采用平均年限法。折旧方法一经选定，不得随意变更。

（1）平均年限法

平均年限法又称直线法，是根据固定资产应提折旧的总额除以固定资产折旧年限，求得每年的折旧额的方法。固定资产折旧额的计算公式如下：

$$固定资产年折旧额 = \frac{固定资产原值 - (预计残值收入 - 预计清理费用)}{固定资产使用年限}$$

$$= \frac{固定资产原值 - 预计净残值}{固定资产使用年限} \quad (3-1)$$

在实际工作中，每月计提的折旧额是根据固定资产原始价值乘以月折旧率来计算的。固定资产折旧率是指固定资产在一定时期内的折旧额占原始价值的比重，计算公式如下：

$$固定资产年折旧率 = \frac{固定资产年折旧额}{固定资产原值} \times 100\%$$

$$= \frac{1-预计净残值率}{固定资产预计使用年限} \times 100\% \quad (3-2)$$

$$固定资产月折旧率 = 固定资产年折旧率 \div 12 \quad (3-3)$$

按照固定资产平均年限法计算求得的折旧额，在固定资产的整个使用期，每期计入成本的数额是相等的，因此这种折旧方法也叫直线法。优点是简单明了，计算容易。它的缺点是忽视了随着固定资产的使用，其修理、保养费用的增加使得计入成本中的费用逐渐增加，即成本负担不均衡的问题，另外也没有考虑固定资产使用期间，各期的磨损程度是否一致的问题。因此，平均年限法适用于强度和使用效率大致相同的固定资产。

（2）工作量法

工作量法是按固定资产所完成的工作量，计算应计提的折旧额。这种计算折旧的方法，一般适用于一些专用设备。例如，交通运输企业和其他企业专业车队的客、货运汽车，大型设备，大型建筑施工机械等。

工作量法下的固定资产折旧额计算公式如下：

$$单位工作量折旧额 = \frac{固定资产原值 - 预计净残值}{预计的工作总量} \quad (3-4)$$

$$月折旧额 = 本月实际工作量 \times 单位工作量折旧额 \quad (3-5)$$

采用工作量法计提折旧其优点是易于计算，简单明了，并使折旧的计提与固定资产的使用程度结合起来。但也有一定的缺点，例如只重视固定资产的使用，而未考虑无形损耗对资产的影响问题等。

（3）双倍余额递减法

这种方法的折旧率是按残值为零时直线折旧率的两倍计算的，当每期计提折旧时，即用该折旧率乘以固定资产的折余价值（净值）。折旧额和折旧率的计算公式如下：

$$固定资产年折旧额 = 固定资产账面净值 \times 折旧率$$

$$年折旧率 = \frac{2}{预计使用年限} \times 100\% \quad (3-6)$$

$$月折旧率 = 年折旧率 \div 12 \quad (3-7)$$

$$固定资产月折旧额 = 月初固定资产账面净值 \times 月折旧率 \quad (3-8)$$

企业在使用双倍余额递减法计提折旧时，固定资产的预计净残值不能从其价值中扣除。因此，每年计提的固定资产折旧额是用两倍于直线法的折旧率去乘固定资产的账面净值。由于只要该项固定资产仍继续使用，其账面净值就不可能被冲销完毕，因此，在固定资产的使用后期，如果采用双倍余额递减法计算的折旧额小于采用直线法计算的折旧额时，就应改用直线法计提折旧。实务操作中，采用在固定资产折旧年限到期前两年内，将固定资产账面净值扣除预计净残值后的余额平均摊销。

(4) 年数总和法

年数总和法又称为年限合计法，这种方法是以年数总和为基础，按尚可使用年数逐年递减折旧额。其中折旧率是用一个递减分数来表示，这个分数的分子代表固定资产尚可使用的年数，分母代表使用年数的逐年数字总和。计算公式如下：

$$年折旧率 = \frac{尚可使用年数}{预计使用年限的年数总和} = \frac{n-t+1}{\frac{n \times (n+1)}{2}} \qquad (3-9)$$

其中：n 为预计使用年数；t 为第几年。

$$月折旧率 = 年折旧率 \div 12 \qquad (3-10)$$

预计使用年限的年数总和是指代表固定资产使用年数的逐期年数之和。如固定资产的使用期限为5年，其逐期年数为1年、2年、3年、4年、5年，其加成总数为1+2+3+4+5=15。折旧额的计算公式如下：

$$年折旧额 = (固定资产原值 - 预计净残值) \times 折旧率 \qquad (3-11)$$

3. 固定资产折旧的会计处理

企业按月计提折旧，一方面计提折旧记入"累计折旧"科目，该科目只进行总分类核算，不进行明细分类核算。若需要查明某项固定资产的已提折旧，可以根据固定资产卡片上所记载的该项固定资产原值、折旧率和实际使用年数等资料进行计算。另一方面，根据固定资产的用途，分别记入相关的成本类或费用类科目，如"制造费用""管理费用""销售费用""其他业务成本"等。

在实际工作中，折旧的计算是通过编制折旧计算表进行的。在上月份应计折旧额的基础上，考虑上月份固定资产增减变动的情况，进行调整。计算公式如下：

本月应提折旧额=上月计提折旧额+上月增加固定资产应计提折旧额-上月减少固定资产应计提折旧额   (3-12)

4. 固定资产预计使用寿命等的复核

在固定资产使用过程中，由于经济环境、技术环境以及其他环境可能与预计固定资产使用寿命和预计净残值时发生较大的变化，因此，企业至少应当于每年年度终了，对固定资产的使用寿命、预计净残值和折旧方法进行复核。使用寿命预计数与原先估计数有差异的，应当调整固定资产使用寿命。预计净残值预计数与原先估计数有差异的，应当调整预计净残值。与固定资产有关的经济利益预期实现方式有重大改变的，应当改变固定资产折旧方法。固定资产使用寿命、预计净残值和折旧方法的改变应当作为会计估计变更，按照会计估计变更的有关规定进行会计处理。

（二）固定资产的后续支出

固定资产的后续支出是指固定资产在使用过程中发生的更新改造支出、修理费支出等。

1. 资本化的后续支出

与固定资产有关的更新改造支出，满足固定资产确认条件的，应计入固定资产成本，同时将被替换部分的账面价值从该固定资产原账面价值中扣除。

固定资产发生可资本化的后续支出时，企业应将该固定资产的原价、已计提的累计折旧和减值准备转销，转入"在建工程"科目，并停止计提折旧。更新改造中的各项可资本化的后续支出，记入"在建工程"科目。当固定资产更新改造完毕，达到预定可使用状态，再从"在建工程"科目转入"固定资产"科目，并按重新确定的使用寿命、预计净残值和折旧方法进行计提折旧。

2. 费用化的后续支出

与固定资产有关的修理费用等后续支出，不符合固定资产确认条件的，应当根据不同情况分别在发生时计入当期管理费用或销售费用等。企业对固定资产进行必要维护，发生固定资产的维护修理支出时为了确保固定资产正常工作，并不会导致固定资产性能的改变或固定资产未来经济利益的增加。因此，应在发生时一次性直接计入当期费用。

对于固定资产发生的下列各项后续支出，通常的处理方法为：

（1）固定资产修理费用，应当直接计入当期损益。

（2）固定资产改良支出、改扩建支出应予以资本化。

（3）如果不能区分是固定资产修理还是固定资产改良，或固定资产修理和固定资产改良结合在一起，则企业应当判断，与固定资产有关的后续支出，是否满足固定资产的确认条件。如果该后续支出满足了固定资产的确认条件，后续支出应当计入固定资产账面价值；否则，后续支出应当确认为当期费用。

（4）融资租入固定资产发生的固定资产后续支出，比照上述原则处理。

（5）经营租入固定资产发生的改良支出，应通过"长期待摊费用"科目核算，并在剩余租赁期与租赁资产尚可使用年限两者中较短的期间内，采用合理的方法进行摊销。

第三节 无形资产的初始计量与后续计量

一、无形资产的初始计量

企业通常是按实际成本计量，即以取得无形资产并使之达到预定用途而发生的全部支出，作为无形资产的成本。企业取得无形资产的方式主要有外购取得、自行开发取得、投资转入、企业合并取得、非货币性资产交换取得、债务重组取得、政府补助取得等。对于不同来源取得的无形资产，其成本构成和会计处理也不同。

（一）外购的无形资产

1. 外购无形资产的成本构成

外购的无形资产的成本包括购买价款、相关税费以及直接归属于使该项资产达到预定用途所发生的其他支出。直接归属于该项资产达到预定用途所发生的其他支出是指无形资产达到预定用途所发生的专业服务费用、测试无形资产能否发挥作用的费用等。为宣传推广新产品而发生的广告费、管理费用等不计入无形资产成本；无形资产已达到预定用途以后发生的费用，不计入无形资产成本。企业外购的无形资产如果取得法律规定的可抵扣发票，其支付的增值税可抵扣；如果无法取得法律规定的可抵扣发票，则支付的增值税不得抵扣，应计入无形资产的成本。

企业取得的土地使用权，通常应按照取得时所支付的价款及相关税费确认为无形资产。土地使用权用于自行开发建造厂房等地上建筑时，土地使用权的账面价值不与地上建筑物合并计算成本，而仍然作为无形资产核算，土地使用权与地上建筑物分别进行摊销和提取折旧。但如果房地产开发企业取得的土地使用权用于建造对外出售的房屋建筑物的，其相关土地使用权的价值应计入所建造的房屋建筑物的成本。企业外购的房屋建筑物支付的价款应当在地上建筑物与土地使用权之间分配，无法合理分配的，应全部确认为固定资产。企业改变土地使用权的用途，将其作为用于出租或增值目的时，应将其账面价值转为投资性房地产。

2. 外购无形资产的价款超过正常信用条件延期支付的情况

购买无形资产的价款超过正常信用条件延期支付（付款期在3年以上的），实质上具有融资性质的，无形资产的成本以购买价款的现值为基础确定。实际支付的价款与购买价款的现值之间的差额作为未确认融资费用，除应予资本化的以外，应当在信用期间内采用实际利率法摊销，计入当期损益确认为财务费用。

（二）自行开发的无形资产

对于企业自行研究开发无形资产，应当区分为研究阶段和开发阶段，并分别进行核算。

1. 研究阶段与开发阶段的区别

研究阶段是指为获取并理解新的科学或技术知识而进行的独创性的有计划调查阶段，具体是指为获取知识而进行的活动；研究成果或其他知识的应用研究、评价和最终选择；材料、设备、产品、工序、系统或服务替代品的研究；新的或经改进的材料、设备、产品、工序、系统或服务的可能替代品的配置、设计、评价和最终选择等。研究阶段是探索性的，为进一步的开发活动进行资料及相关方面的准备，已进行的研究活动将来是否会转入开发，开发后是否会形成无形资产等具有较大的不确定性。

开发阶段是指在进行商业性生产或使用前，将研究成果或其他知识应用于某项计划或设计，以生产出新的或具有实质性改进的材料、装置、产品等。具体指生产前或使用前的原型和模型的设计、建造和测试；含新技术的工具、夹具、模具和冲模的设计；不具有商业性生产经济规模的试生产设施的设计、建造和运营；新的或改造的材料、设备、产品、工序、系统或服务所选定的替代品的设计、建造和测试等。开发在很大程度上具备了形成一项新产品或新技术的基本条件，具备了形成成果的可能性较大的特点。

2. 企业研究开发费用的确认和计量原则

企业自行研究开发无形资产，区分为研究阶段和开发阶段后，两个阶段的特点不相同，对于研究开发费用的确认和计量也不相同。企业的研究阶段，由于其研究工作是否会形成无形资产有很大的不确定性，因此，研究阶段的有关支出在发生时应当一律予以费用化计入当期损益。企业的开发阶段，由于形成一项新产品或新技术的基本条件具备，因此，此时企业如果符合满足无形资产的资本化条件，则其发生的开发支出可以予以资本化，计入无形资产的成本。具体包括开发无形资产时耗费的材料、劳务成本、注册费、在开发该无形资产过程中使用的其他专利权和特许权的摊销、按照规定资本化的利息支出，以及为使该无形资产达到预定用途前发生的其他费用。在开发无形资产过程中发生的除上述可直接归属于无形资产开发活动的其他销售费用、管理费用等间接费用，无形资产达到预定用途前发生的可辨认的无效和初始运作损益，为运行该无形资产发生的培训支出等，均不构成无形资产的开发成本。

开发阶段的支出是否应计入无形资产的成本，要视其是否满足资本化条件而定。不能满足资本化条件的支出应计入当期损益。企业内部研究开发项目开发阶段的支出，同时满足下列条件的，才能确认为无形资产：

（1）完成该无形资产以使其能够使用或出售，在技术上具有可行性。

（2）具有完成该无形资产并使用或出售的意图。

（3）无形资产产生经济利益的方式，包括能够证明运用该无形资产生产的产品存在市场或无形资产自身存在市场，无形资产将在内部使用的，应当证明其有用性。

（4）有足够的技术、财务资源和其他资源支持，以完成该无形资产的开发，并有能力使用或出售该无形资产。

（5）归属于该无形资产开发阶段的支出能够可靠地计量。

3. 自行研究开发无形资产的账务处理

企业内部研究开发过程中的支出，需要设置"研发支出"会计科目进行核算。"研发支出"科目应当按照研究开发项目，分别设"费用化支出"与"资本化支出"明细科目进行核算。企业的研发支出包括直接发生的和分配计入的两个部分。直接发生的研发支出，包括研发人员工资、材料费以及相关设备材料费等；分配计入的研发支出是指企业同时从事多项研究开发活动时，所发生的支出按合理标准在各项研究开发活动之间进行分配计入的部分。研发支出无法明确分配的，应当计入当期损益，不计入开发活动成本。具体账务处理如下：

（1）企业自行开发无形资产发生的研发支出中不满足资本化条件的支出

借：研发支出——费用化支出

贷：原材料/银行存款/应付职工薪酬等

（2）企业自行开发无形资产发生的研发支出中满足资本化条件的支出

借：研发支出——资本化支出

贷：原材料/银行存款/应付职工薪酬等

（3）研究开发项目达到预定用途形成无形资产

借：无形资产

贷：研发支出——资本化支出

（4）期末企业应将归集的费用化支出转入当期损益（管理费用）

借：管理费用

贷：研发支出——费用化支出

（三）投资者投入的无形资产

投资者投入的无形资产，其成本应当按照投资合同或协议约定价值确定，但合同或协议约定价值不公允的除外。如果合同或协议约定的价值不公允，则按无形资产的公允价值入账。无形资产入账价值与折合资本额之间的差额，作为资本溢价，计入资本公积。

（四）其他方式取得的无形资产

包括通过政府补助、债务重组、非货币性资产交换、企业合并等方式取得无形资产。

政府补助方式是指企业从政府无偿取得货币性资产或非货币性资产，但不包括政府作为所有者投入的资本，如企业通过行政划拨取得的土地使用权等。以这种方式取得无形资产应按照规定进行计量和处理。

非货币性资产交换取得无形资产是指企业以其存货、固定资产、长期股权投资等非货币性资产与其他单位的无形资产进行交换而取得的无形资产。以这种方式取得无形资产应按照规定进行计量和处理。

债务重组是指在债务人发生财务困难的情况下，债权人按照其与债务人达成的协议或法院的裁定做出让步的事项。债务重组的方式中，有一种方式是以资产清偿债务，如果债务人以无形资产来清偿债务，债权人就可以在债务重组中获取无形资产。以这种方式取得无形资产应按照相关规定进行计量和处理。

企业合并取得的无形资产成本应确定其成本。同一控制下吸收合并，按被合并企业无形资产的账面价值确认为取得时的初始成本；同一控制下控股合并，合并方在合并日编制合并报表时，应当按被合并方无形资产的账面价值作为基础核算。非同一控制下的企业合并中，购买方取得的无形资产应以其在购买日的公允价值计量。

二、无形资产的后续计量

（一）无形资产使用寿命的确定与复核

企业在取得无形资产时，判断其使用寿命。无形资产按照其寿命是否能确定，分为使用寿命有限的无形资产和使用寿命不确定的无形资产。使用寿命有限的无形资产，应当估计该使用寿命的年限或者构成使用寿命的产量等类似计量单位数量；使用寿命不确定的无形资产，企业根据可获得的情况判断，无法合理估计其使用寿命的无形资产，应作为使用寿命不确定的无形资产进行核算。

使用寿命有限的无形资产需要在估计的使用寿命内进行合理的摊销，使用寿命不确定的无形资产不需要摊销。

1. 无形资产使用寿命的确定

估计无形资产使用寿命应考虑如下因素：该资产生产的产品寿命、周期、可获得的类似资产使用寿命的信息；技术、工艺等方面的现实情况及对未来发展的估计；以该资产生产的产品或服务的市场需求情况；现在或潜在的竞争者预期采取的行动；为维持该资产产生未来经济利益的能力预期的维护支出，以及企业预计支付有关支出的能力；对该资产的控制期限，使用的法律或类似现值，如特许使用期间、租赁期间等；与企业持有的企业资产使用寿命的关联性等。具体而言，无形资产使用寿命可以按如下步骤来确定：

（1）无形资产的取得如果源自合同性权利或其他法定权利，其使用寿命不应超过合同性权利或其他法定权利的期限。但如果企业使用无形资产预期的使用年限较短时，将较短的使用年限确定为使用寿命；如果合同性权利或其他法定权利能够在到期时因续约而延续，且有证据表明企业续约不需要付出大额成本，续约期应当计入使用寿命。

（2）合同或法律没有规定使用寿命的，企业应当综合各方面因素判断，如与同行业的情况进行比较、参考历史经验或聘请相关专家进行论证等，以确定无形资产能为企业带来经济利益的期限。

（3）经过上述努力，仍无法合理确定无形资产为企业带来经济利益期限的，才能将其作为使用寿命不确定的无形资产。使用寿命不确定的无形资产后续不进行摊销，但要进行减值测试。

2. 无形资产使用寿命的复核

无形资产的使用寿命确定后，会随着相关影响因素而发生变化。我国企业至少应于每年年终时，对无形资产的使用寿命和摊销方法进行复核。对于使用寿命确定的无形资产，如果其使用寿命或摊销方法发生变化，则应改变其摊销年限和摊销方法，按照会计估计变更进行处理。对于使用寿命不确定的无形资产，如果有证据表明其使用寿命是有限的，应作为会计估计变更处理，应估计其使用寿命并按照使用寿命有限的无形资产的处理原则进行会计处理。

(二) 无形资产的摊销

1. 无形资产应摊销金额

使用寿命有限的无形资产,应在其预计的使用寿命内采用系统合理的方法对应摊销金额进行摊销。应摊销金额是指无形资产的成本扣除残值后的金额。已计提减值准备的无形资产,还应扣除已计提的无形资产减值准备累计金额。

2. 无形资产残值的确定

使用寿命有限的无形资产,其残值一般应视为零,但下列情况除外:有第三方承诺在无形资产使用寿命结束时购买该无形资产;可以根据活跃市场得到预计残值信息,并且该市场在无形资产使用寿命结束时很可能存在。

估计无形资产的残值应以资产处置时的可收回金额为基础,残值确定以后,在持有无形资产的期间,至少应于每年年末进行复核,预计其残值与原估计金额不同的,按照估计变更进行处理。如果无形资产的残值重新估计以后高于其账面价值的,则无形资产不再摊销,直至残值降至低于账面价值时再恢复摊销。

3. 无形资产的摊销方法

无形资产的摊销方法有直线法、递减余额法、生产总量法等。常用的是直线法。无形资产的摊销期自其可供使用(即其达到预定用途)时起至终止确认时止。企业选择无形资产摊销方法时应依据从资产中获取的未来经济利益的预期实现方式,并一致地运用于不同会计期间。无法可靠确定经济利益的预期实现方式的,应当采用直线法摊销。

4. 无形资产摊销的会计处理

无形资产的摊销金额一般应计入当期损益,但如果某项无形资产是专门用于生产某种产品或其他资产,其所包含的经济利益是通过转到所生产的产品或其他资产中实现的,那么无形资产的摊销额应计入相关资产的成本。企业按月计提无形资产摊销额时,借记"管理费用""制造费用""其他业务成本"等科目,贷记"累计摊销"。

企业应当至少于每个年度终了时,对使用寿命有限的无形资产的使用寿命及未来经济利益的实现方式进行复核。如果无形资产的预计使用寿命及经济利益预期实现方式与以前估计相比不同,就应当改变摊销期限和摊销方法。同时如果无形资产计提了减值准备,则无形资产减值准备的金额要从应摊销金额中扣除,以后每年的摊销金额要重新调整计算。

（三）使用寿命不确定的无形资产的减值测试

对于使用寿命不确定的无形资产，在持有期间不进行摊销，但应在每个会计期间进行减值测试。其减值测试的方法按照判断资产减值的原则进行处理，如经减值测试表明已发生减值，则需要计提相应的减值准备，确认资产减值损失。

（四）无形资产出租的会计处理

企业将拥有的无形资产使用权让渡给他人，并收取租金，在满足收入确认标准的情况下，应确认相关的收入及成本。出租无形资产时，取得的租金收入确认为其他业务收入；摊销出租无形资产的成本以及在出租过程中发生的各种费用，确认为其他业务成本。无形资产出租，即让渡资产使用权，除了符合法律规定的免征增值税项目外，应计算缴纳增值税，增值税税率为6%。营改增之后，没有营业税，此类收入须缴纳增值税。

第四节　固定资产和无形资产的处置

固定资产和无形资产的处置是指由于固定资产或无形资产无法为企业带来经济利益，对固定资产或无形资产进行转销并终止确认的情形。

企业处置固定资产和无形资产的净收益或净损失属于直接计入当期损益的利得或损失。因此，在本节内容中，处置固定资产和处置无形资产存在很多相似之处。

一、固定资产的处置

固定资产处置，包括固定资产的出售、转让、报废和毁损、对外投资、非货币性资产交换、债务重组等。固定资产处置一般通过"固定资产清理"科目核算，应将处置收入扣除账面价值和相关税费后的金额计入当期损益。本节仅介绍出售、转让、报废和毁损等几种情况。

企业因出售、转让、报废和毁损、对外投资、非货币性资产交换、债务重组等处置固定资产，需要通过"固定资产清理"科目进行会计处理，步骤如下：

（一）固定资产账面价值转入"固定资产清理"科目

将原来反映该项处置的固定资产的相关账户做相反的结转，差额即为固定资产清理转入的金额。

借：累计折旧
固定资产减值准备
固定资产清理
贷：固定资产

（二）处置过程中发生的清理费用

固定资产在清理过程中应支付的相关税费和其他费用，记入"固定资产清理"科目的借方，并同时确认负债或确认资产减少。

借：固定资产清理
贷：应交税费
银行存款

（三）收到处置固定资产的价款、残料价值和变价收入

固定资产在清理过程中确认收到的各项收入或其他资产的同时，记入"固定资产清理"科目的贷方。

借：其他应收款/原材料/银行存款
贷：固定资产清理

（四）结转清理净损益

清理完毕，结清"固定资产清理"科目。属于生产经营期间正常的处理损失，确认为"营业外支出——处置非流动资产损失"；属于自然灾害等非正常原因造成的损失，确认为"营业外支出——非常损失"；如果清理完毕为净收益的，确认为"营业外收入——处置非流动资产利得"。

对于持有待售的固定资产，应当调整该项固定资产的预计净残值，使该项固定资产的预计净残值能够反映其公允价值减去处置费用后的金额，但不得超过符合持有待售条件时该项固定资产的原账面价值，原账面价值高于调整后预计净残值的差额，应作为资产减值损失计入当期损益。持有待售的固定资产从划归为持有待售之日起停止计提折旧和减值准备。

二、无形资产的处置

无形资产的处置,包括无形资产的出售、对外捐赠,或报废等无法为企业带来未来经济利益的情形。

企业出售无形资产时,将其取得的价款与该无形资产账面价值的差额计入当期损益(营业外收入或营业外支出);企业无形资产预期不能为企业带来未来经济利益,应作为报废处理,转销其账面价值,并将其确认为营业外支出。企业出售无形资产应计算缴纳增值税,增值税税率为6%,其中土地使用权出售时增值税税率为11%。

第四章 负债与所有者权益核算

第一节 银行借款的核算

负债是指企业过去的交易或者事项形成的、预期会导致经济利益流出企业的现时义务。负债按其流动性，可分为流动负债和非流动负债。流动负债是指预计在1年内或超过1年的一个正常营业周期内清偿的债务，包括短期借款、应付票据、应付账款、应付利息、预收账款、应付职工薪酬、应交税费、应付股利、其他应付款等。非流动负债是指流动负债以外的负债，包括长期借款、应付债券、长期应付款等。

一、银行借款的概念和分类

（一）银行借款的概念

银行借款是指企业向银行或其他非银行金融机构借入的、需要还本付息的款项，包括偿还期限超过1年的长期借款和不足1年的短期借款，主要用于企业购建固定资产和满足流动资金周转的需要。

（二）银行借款的分类

1. 按提供贷款的机构划分

可分为政策性银行贷款、商业银行贷款和其他金融机构贷款。

政策性银行贷款是指执行国家政策性贷款业务的银行向企业发放的贷款，通常为长期贷款。例如，国家开发银行贷款，主要满足企业承建国家重点建设项目的资金需要；中国进出口信贷银行贷款，主要为大型设备的进出口提供买方信贷或卖方信贷；中国农业发展银行贷款，主要用于确保国家对粮、棉、油等政策性收购资金的供应。

商业性银行贷款是指由各商业银行向企业发放的贷款。例如，中国工商银行、中国建设银行、中国农业银行、中国银行等，向工商企业提供的贷款，用以满足企业生产经营的资金需要，包括短期贷款和长期贷款。

其他金融机构贷款。例如，从信托投资公司取得实物或货币形式的信托投资贷款，从财务公司取得的各种中长期贷款，从保险公司取得的贷款等。其他金融机构的贷款一般较商业银行贷款的期限要长，要求的利率较高，对借款企业的信用要求和担保的选择比较严格。

2. 按机构对贷款有无担保要求划分

可分为信用贷款和担保贷款。

信用贷款是指以借款人的信誉或保证人的信用为依据而获得的贷款。企业取得这种贷款，无须以财产作为抵押。对于这种贷款，由于风险较高，银行通常要收取较高的利息，往往还附加一定的限制条件。

担保贷款是指由借款人或第三方依法提供担保而获得的贷款。担保包括保证责任、财务抵押、财产质押，因此，担保贷款包括保证贷款、抵押贷款和质押贷款。

保证贷款是指按《中华人民共和国民法典》规定的保证方式，以第三人作为保证人承诺在借款人不能偿还借款时，按约定承担一定保证责任或连带责任而取得的贷款。

抵押贷款是指按《中华人民共和国民法典》规定的抵押方式，以借款人或第三人的财产作为抵押物而取得的贷款。抵押是指债务人或第三人不转移财产的占有，将该财产作为债权的担保，债务人不履行债务时，债权人有权将该财产折价或者以拍卖、变卖的价款优先受偿。作为贷款担保的抵押品，可以是不动产、机器设备、交通运输工具等实物资产，可以是依法有权处分的土地使用权，也可以是股票、债券等有价证券等，它们必须是能够变现的资产。如果贷款到期借款企业不能或不愿偿还贷款，银行可取消企业对抵押品的赎回权。抵押贷款有利于降低银行贷款的风险，提高贷款的安全性。

质押贷款是指按《中华人民共和国民法典》规定的质押方式，以借款人或第三人的动产或财产权利作为质押物而取得的贷款。质押是指债务人或第三人将其动产或财产权利移交给债权人占有，将该动产或财务权利作为债权的担保，债务人不履行债务时，债权人有权以该动产或财产权利折价或者以拍卖、变卖的价款优先受偿。作为贷款担保的质押品，可以是汇票、支票、债券、存款单、提货单等信用凭证，可以是依法可以转让的股份、股票等有价证券，也可以是依法可以转让的商标专用权、专利权、著作权中的财产权等。

3. 按企业取得贷款的用途划分

可分为基本建设贷款、专项贷款和流动资金贷款。

基本建设贷款是指企业因从事新建、改建、扩建等基本建设项目需要资金而向银行申请借入的款项。

专项贷款是指企业因为专门用途而向银行申请借入的款项，包括更新改造技改贷款、大修理贷款、研发和新产品试制贷款、小型技术措施贷款、出口专项贷款、引进技术转让费周转金贷款、进口设备外汇贷款、进口设备人民币贷款及国内配套设备贷款等。

流动资金贷款是指企业为满足流动资金的需求而向银行申请借入的款项，包括流动基金借款、生产周转借款、临时借款、结算借款和卖方信贷。

4. 按银行借款偿还期限的长短划分

可分为短期借款和长期借款。

短期借款是指企业向银行或其他金融机构等借入的期限在1年以下（含1年）的各种款项。短期借款一般是企业为了满足正常生产经营所需的资金或者是为了抵偿某项债务而借入的。

长期借款是指企业向银行或其他金融机构借入的期限在1年以上（不含1年）的各项借款。长期借款企业一般用于固定资产的购建、改扩建工程、大修理工程、对外投资以及为了保持长期经营能力等方面的需要。

二、短期借款的核算

企业应通过"短期借款"科目，核算短期借款的发生、偿还等情况。该科目的贷方登记取得借款本金的数额，借方登记偿还借款的本金数额，余额在贷方，反映企业尚未偿还的短期借款。本科目可按借款种类、贷款人和币种设置明细科目进行明细核算。

企业从银行或其他金融机构取得短期借款时，借记"银行存款"科目，贷记"短期借款"科目。

企业借入短期借款应支付利息。在实际工作中，如果短期借款利息是按期支付的，如按季度支付利息，或者利息是在借款到期时连同本金一起归还，并且其数额较大的，企业应采用月末预提方式进行短期借款利息的核算。短期借款利息属于筹资费用，应当于发生时直接计入当期财务费用。在资产负债表日，企业应当按照计算确定的短期借款利息费用，借记"财务费用"科目，贷记"应付利息"科目；实际支付利息时，借记"应付利息"科目，贷记"银行存款"科目。短期借款到期偿还本金时，企业应借记"短期借款"

科目，贷记"银行存款"科目。

如果企业的短期借款利息是按月支付的，或者利息是在借款到期时连同本金一起归还，当数额不大时，可以不采用预提的方法，而在实际支付或收到银行的计息通知时，直接计入当期损益，借记"财务费用"科目，贷记"银行存款"科目。

三、长期借款的核算

长期借款是指企业向银行或其他金融机构借入的期限在 1 年以上（不含 1 年）的各项借款。就长期借款的用途来讲，企业一般用于固定资产的购建、改扩建工程、大修理工程、对外投资以及为了保持长期经营能力等方面的需要。与短期借款相比，长期借款除数额大、偿还期限较长外，其借款费用需要根据权责发生制的要求，按期预提计入所构建资产的成本或直接计入当期财务费用。由于长期借款的期限较长，至少是在 1 年，因此，在资产负债表非流动负债项目中列示。

由于长期借款的使用关系到企业的生产经营规模和效益，因此，必须加强管理与核算。企业除了要遵守有关的贷款规定，编制借款计划并要有不同形式的担保外，还应监督借款的使用，按期支付长期借款的利息以及按规定的期限归还借款本金等。因此，长期借款会计处理的基本要求是反映和监督长期借款的借入、借款利息的结算和借款本息的归还情况，促使企业遵守信贷纪律，提高信用等级，同时也要确保长期借款发挥效益。

企业应通过"长期借款"科目，核算长期借款的借入、归还等情况。该科目的贷方登记长期借款本息的增加额；借方登记本息的减少额；贷方余额表示企业尚未偿还的长期借款。本科目可按照贷款单位和贷款种类设置明细账，分别以"本金""利息调整"等进行明细核算。长期借款账务处理的内容主要包括取得长期借款、确认利息以及归还长期借款。

（一）长期借款取得与使用

企业借入长期借款，应按实际收到的金额，借记"银行存款"科目，贷记"长期借款——本金"科目；如存在差额，还应借记"长期借款——利息调整"科目。

（二）长期借款利息的确认

长期借款利息费用应当在资产负债表日按照实际利率法计算确定，实际利率与合同利率差异较小的，也可以采用合同利率计算确定利息费用。长期借款按合同利率计算确定的应付未付利息，如果属于分期付息的，记入"应付利息"科目，如果属于到期一次还本付息的，记入"长期借款——应计利息"科目。

长期借款计算确定的利息费用，应当按以下原则计入有关成本、费用：属于筹建期间的，计入管理费用；属于生产经营期间的，如果长期借款用于购建固定资产等符合资本化条件的资产，在资产尚未达到预定可使用状态前，所发生的利息支出数应当资本化，计入在建工程等相关资产成本，资产达到预定可使用状态后发生的利息支出，以及按规定不予资本化的利息支出，计入财务费用。账务处理方法为借记"在建工程""制造费用""财务费用""研发支出"等科目，贷记"应付利息"或"长期借款——应计利息"科目。

（三）长期借款归还

企业归还长期借款的本金时，应按归还的金额，借记"长期借款——本金"科目，贷记"银行存款"科目；按归还的利息，借记"应付利息"或"长期借款——应计利息"科目，贷记"银行存款"科目。

第二节 应付及预收款项

一、应付账款

（一）应付账款概述

应付账款是指企业因购买材料、商品或接受劳务供应等经营活动而应付给供应单位的款项。应付账款一般应在与所购买物资所有权相关的主要风险和报酬已经转移，或者所购买的劳务已经接受时确认。在实务中，为了使所购入物资的金额、品种、数量和质量等与合同规定的条款相符，避免因验收时发现所购物资的数量或质量存在问题而对入账的物资或应付账款金额进行改动，在物资和发票账单同时到达的情况下，一般在所购物资验收入库后，根据发票账单登记入账，确认应付账款。在所购物资已经验收入库，但是发票账单未能同时到达的情况下，企业应付物资供应单位的债务已经成立，在会计期末，为了反映企业的负债情况，需要将所购物资和相关的应付账款暂估入账，待下月初做方向相反的分录，将上月末暂估入账的应付账款予以冲销。

企业应通过"应付账款"科目，核算应付账款的发生、偿还、转销等情况。该科目贷方登记企业购买材料、商品和接受劳务等而发生的应付账款，借方登记偿还的应付账款，或开出商业汇票抵付应付账款的款项，或冲销无法支付的应付账款。余额一般在贷方，反映企业尚未支付的应付账款余额。本科目应按照债权人设置明细科目进行明细核算。

（二）应付账款发生与偿还

企业购入材料、商品或接受劳务等所产生的应付账款，应按应付金额入账。购入材料、商品等验收入库，但货款尚未支付，根据有关凭证（发票账单、随货同行发票上记载的实际价款或暂估价值），借记"材料采购""在途物资"等科目，按照可抵扣的增值税进项税额，借记"应交税费——应交增值税（进项税额）"科目，按应付的款项，贷记"应付账款"科目。企业接受供应单位提供劳务而发生的应付未付款项，根据供应单位的发票账单，借记"生产成本""管理费用"等科目，贷记"应付账款"科目。

企业偿还应付账款或开出商业汇票抵付应付账款时，借记"应付账款"科目，贷记"银行存款""应付票据"等科目。

应付账款附有现金折扣的，应按照扣除现金折扣前的应付款总额入账。因在折扣期限内付款而获得的现金折扣，应在偿付应付账款时冲减财务费用。

在实务中，企业外购电力、燃气等动力一般通过"应付账款"科目核算，即在每月付款时先做暂付款处理，借记"应付账款"科目，贷记"银行存款"等科目；月末按照外购动力的用途，借记"生产成本""制造费用"和"管理费用"等科目，贷记"应付账款"科目。

（三）应付账款转销

应付账款一般在较短期限内支付，但有时由于债权单位撤销或其他原因而使应付账款无法清偿。企业应将确实无法支付的应付账款予以转销，按其账面余额计入营业外收入，借记"应付账款"科目，贷记"营业外收入"科目。

二、应付票据

（一）应付票据概述

应付票据是指企业购买材料、商品和接受劳务供应等而开出、承兑的商业汇票，包括商业承兑汇票和银行承兑汇票。

企业应通过"应付票据"科目,核算应付票据的发生、偿付等情况。该科目贷方登记开出、承兑汇票的面值,借方登记支付票据的金额,余额在贷方,反映企业尚未到期的商业汇票的票面金额。

企业应当设置"应付票据备查簿",详细登记商业汇票的种类、号数和出票日期、到期日、票面余额、交易合同号和收款人姓名或单位名称以及付款日期和金额等资料。应付票据到期结清时,上述内容应当在备查簿内予以注销。

我国商业汇票的付款期限不超过6个月,因此,企业应将应付票据作为流动负债管理和核算。同时,由于应付票据的偿付时间较短,在会计实务中,一般均按照开出、承兑的应付票据的面值入账。

(二)应付票据的账务处理

企业因购买材料、商品和接受劳务供应等而开出、承兑的商业汇票,应当按其票面金额作为应付票据的入账金额,借记"材料采购""原材料""库存商品""应付账款""应交税费——应交增值税(进项税额)"等科目,贷记"应付票据"科目。

企业因开出银行承兑汇票而支付银行的承兑汇票手续费,应当计入当期财务费用,借记"财务费用"科目,贷记"银行存款""库存现金"科目。

(三)应付票据转销

应付商业承兑汇票到期,如企业无力支付票款,应将应付票据按账面余额转作应付账款,借记"应付票据"科目,贷记"应付账款"科目。应付银行承兑汇票到期,如企业无力支付票款,应将应付票据的账面余额转作短期借款,借记"应付票据"科目,贷记"短期借款"科目。

三、应付利息

应付利息是指企业按照合同约定应支付的利息,包括短期借款、分期付息到期还本的长期借款、企业债券等应支付的利息。

企业应通过"应付利息"科目,核算应付利息的发生、支付情况。该科目贷方登记按照合同约定计算的应付利息;借方登记实际支付的利息,期末贷方余额反映企业应付未付的利息。本科目一般应按照债权人设置明细科目进行明细核算。

企业采用合同约定的利率计算确定利息费用时,按应付合同利息金额,借记"在建工程""财务费用""研发支出"等科目,贷记"应付利息"科目;实际支付利息时,借记"应付利息"科目,贷记"银行存款"等科目。

四、预收账款

预收账款是指企业按照合同规定向购货单位预收的款项。预收账款与应付账款同为企业短期债务,但与应付账款不同的是,预收账款所形成的负债不是以货币偿付,而是以货物清偿。

企业应通过"预收账款"科目,核算预收账款的取得、偿付等情况。该科目贷方登记发生的预收账款数额和购货单位补付账款的数额,借方登记企业向购货方发货后冲销的预收账款数额和退回购货方多付账款的数额;期末贷方余额,反映企业预收的款项,如为借方余额,反映企业尚未转销的款项。本科目一般应当按照购货单位设置明细科目进行明细核算。

企业预收购货单位的款项时,借记"银行存款"科目,贷记"预收账款"科目;销售实现时,按实现的收入和应交的增值税销项税额,借记"预收账款"科目,按照实现的营业收入,贷记"主营业务收入"科目,按照增值税专用发票上注明的增值税税额,贷记"应交税费——应交增值税(销项税额)"等科目;企业收到购货单位补付的款项,借记"银行存款"科目,贷记"预收账款"科目;向购货单位退回其多付的款项,借记"预收账款"科目,贷记"银行存款"科目。

预收货款业务不多的企业,可以不单独设置"预收账款"科目,其所发生的预收货款,可通过"应收账款"科目核算。

第三节 职工薪酬与应交税费

一、职工薪酬

(一)职工薪酬的内容

职工薪酬是指企业为获得职工提供的服务或解除劳动关系而给予的各种形式的报酬或

补偿。职工薪酬包括短期薪酬、离职后福利、辞退福利和其他长期职工福利。企业提供给职工配偶、子女、受赡养人、已故员工遗属及其他受益人等的福利，也属于职工薪酬。

这里所称的"职工"，主要包括三类人员。

一是与企业订立劳动合同的所有人员，含全职、兼职和临时职工。

二是未与企业订立劳动合同，但由企业正式任命的企业治理层和管理层人员。例如，董事会成员、监事会成员等。

三是在企业的计划和控制下，虽未与企业订立劳动合同或未由其正式任命，但向企业所提供服务与职工所提供服务类似的人员，也属于职工的范畴，包括通过企业与劳务中介公司签订用工合同而向企业提供服务的人员。

职工薪酬主要包括以下内容。

1. 短期薪酬

短期薪酬，是指企业在职工提供相关服务的年度报告期间结束后12个月内需要全部予以支付的职工薪酬，因解除与职工的劳动关系给予的补偿除外。短期薪酬具体包括：

（1）职工工资、奖金、津贴和补贴，是指按照构成工资总额的计时工资、计件工资、支付给职工的超额劳动报酬和增收节支的劳动报酬、为补偿职工特殊或额外的劳动消耗和因其他特殊原因支付给职工的津贴，以及为保证职工工资水平不受物价影响支付给职工的物价补贴等。其中，企业按照短期奖金计划向职工发放的奖金属于短期薪酬，按照长期奖金计划向职工发放的奖金属于其他长期职工福利。

（2）职工福利费，是指企业向职工提供的生活困难补助、丧葬补助费、抚恤费、职工异地安家费、防暑降温费等职工福利支出。

（3）医疗保险费、工伤保险费和生育保险费等社会保险费，是指企业按照国家规定的基准和比例计算，向社会保险经办机构缴纳的医疗保险费、工伤保险费和生育保险费。

（4）住房公积金，是指企业按照国家规定的基准和比例计算，向住房公积金管理机构缴存的住房公积金。

（5）工会经费和职工教育经费，是指企业为了改善职工文化生活、为职工学习先进技术和提高文化水平和业务素质，用于开展工会活动和职工教育及职业技能培训等相关支出。

（6）短期带薪缺勤，是指职工虽然缺勤但企业仍向其支付报酬的安排，包括年休假、病假、婚假、产假、丧假、探亲假等。长期带薪缺勤属于其他长期职工福利。

（7）短期利润分享计划，是指因职工提供服务而与职工达成的基于利润或其他经营成果提供薪酬的协议。长期利润分享计划属于其他长期职工福利。

（8）其他短期薪酬，是指除上述薪酬以外的其他为获得职工提供的服务而给予的短期薪酬。

2. 离职后福利

离职后福利是指企业为获得职工提供的服务而在职工退休或与企业解除劳动关系后，提供的各种形式的报酬和福利，短期薪酬和辞退福利除外。企业应当将离职后福利计划分为设定提存计划和设定受益计划。离职后福利计划是指企业与职工就离职后福利达成的协议，或者企业为向职工提供离职后福利制定的规章或办法等。其中，设定提存计划是指向独立的基金缴存固定费用后，企业不再承担进一步支付义务的离职后福利计划；设定受益计划是指除设定提存计划以外的离职后福利计划。

3. 辞退福利

辞退福利是指企业在职工劳动合同到期之前解除与职工的劳动关系，或者为鼓励职工自愿接受裁减而给予职工的补偿。

4. 其他长期职工福利

其他长期职工福利是指除短期薪酬、离职后福利、辞退福利之外所有的职工薪酬，包括长期带薪缺勤、长期残疾福利和长期利润分享计划等。

（二）应付职工薪酬的科目设置

企业应当设置"应付职工薪酬"科目，核算应付职工薪酬的计提、结算、使用等情况。该科目的贷方登记已分配计入有关成本费用项目的职工薪酬的数额，借方登记实际发放职工薪酬的数额，包括扣还的款项等；该科目期末贷方余额，反映企业应付未付的职工薪酬。

"应付职工薪酬"科目应当按照"工资""职工福利费""非货币性福利""社会保险费""住房公积金""工会经费和职工教育经费""带薪缺勤""利润分享计划""设定提存计划""设定受益计划义务""辞退福利"等职工薪酬项目设置明细账进行明细核算。

（三）短期薪酬的核算

企业应当在职工为其提供服务的会计期间，将实际发生的短期薪酬确认为负债，并计入当期损益，其他会计准则要求或允许计入资产成本的除外。

1. 货币性职工薪酬

（1）工资、奖金、津贴和补贴

对于职工工资、奖金、津贴和补贴等货币性职工薪酬，企业应当在职工为其提供服务的会计期间，将实际发生的职工工资、奖金、津贴和补贴等，根据职工提供服务的受益对象，将应确认的职工薪酬，借记"生产成本""制造费用""劳务成本"等科目，贷记"应付职工薪酬——工资"科目。

在实务中，企业一般在每月发放工资前，根据"工资费用分配汇总表"中的"实发金额"栏的合计数，通过开户银行支付给职工或从开户银行提取现金，然后再向职工发放。

企业按照有关规定向职工支付工资、奖金、津贴、补贴等，借记"应付职工薪酬——工资"科目，贷记"银行存款""库存现金"等科目；企业从应付职工薪酬中扣还的各种款项（代垫的家属药费、个人所得税等），借记"应付职工薪酬"科目，贷记"银行存款""库存现金""其他应收款""应交税费——应交个人所得税"等科目。

（2）职工福利费

对于职工福利费，企业应当在实际发生时根据实际发生额计入当期损益或相关资产成本，借记"生产成本""制造费用""管理费用""销售费用"等科目，贷记"应付职工薪酬——职工福利"科目。

（3）国家规定计提标准的职工薪酬

对于国家规定了计提基础和计提比例的医疗保险费、工伤保险费、生育保险费等社会保险费和住房公积金，以及按规定提取的工会经费和职工教育经费，企业应当在职工为其提供服务的会计期间，根据规定的计提基础和计提比例计算确定相应的职工薪酬金额，并确认相关负债，按照受益对象计入当期损益或相关资产成本，借记"生产成本""制造费用""管理费用"等科目，贷记"应付职工薪酬"科目。

（4）短期带薪缺勤

对于职工带薪缺勤，企业应当根据其性质及职工享有的权利，分为累积带薪缺勤和非累积带薪缺勤两类。企业应当对累积带薪缺勤和非累积带薪缺勤分别进行会计处理。如果带薪缺勤属于长期带薪缺勤的，企业应当作为其他长期职工福利处理。

①累积带薪缺勤是指带薪权利可以结转下期的带薪缺勤，本期尚未用完的带薪缺勤权利可以在未来期间使用。企业应当在职工提供了服务从而增加了其未来享有的带薪缺勤权利时，确认与累积带薪缺勤相关的职工薪酬，并以累积未行使权利而增加的预期支付金额

计量。确认累积带薪缺勤时，借记"管理费用"等科目，贷记"应付职工薪酬——带薪缺勤"科目。

②非累积带薪缺勤是指带薪权利不能结转下期的带薪缺勤，本期尚未用完的带薪缺勤权利将予以取消，并且职工离开企业时也无权获得现金支付。我国企业职工休婚假、产假、丧假、探亲假、病假期间的工资通常属于非累积带薪缺勤。由于职工提供服务本身不能增加其能够享受的福利金额，企业在职工未缺勤时不应当计提相关费用和负债。为此，企业应当在职工实际发生缺勤的会计期间确认与非累积带薪缺勤相关的职工薪酬。

企业确认职工享有的与非累积带薪缺勤权利相关的薪酬，视同职工出勤确认的当期损益或相关资产成本。通常情况下，与非累积带薪缺勤相关的职工薪酬已经包括在企业每期向职工发放的工资等薪酬中，因此，不必额外做相应的账务处理。

2. 非货币性职工薪酬

（1）以其自产产品作为非货币性福利

企业以其自产产品作为非货币性福利发放给职工的，应当根据受益对象，按照该产品的公允价值计入相关资产成本或当期损益，同时确认应付职工薪酬，借记"管理费用""生产成本""制造费用"等科目，贷记"应付职工薪酬——非货币性福利"科目。

企业以自产产品作为职工薪酬发放给职工时，应确认主营业务收入，借记"应付职工薪酬——非货币性福利"科目，贷记"主营业务收入"科目，同时结转相关成本，涉及增值税销项税额的，还应进行相应的处理。

将企业拥有的房屋等资产无偿提供给职工使用的，应当根据受益对象，将该住房每期应计提的折旧计入相关资产成本或当期损益，同时确认应付职工薪酬，借记"管理费用""生产成本""制造费用"等科目，贷记"应付职工薪酬——非货币性福利"科目，并且同时借记"应付职工薪酬——非货币性福利"科目，贷记"累计折旧"科目。

（2）租赁住房等资产供职工无偿使用

租赁住房等资产供职工无偿使用的，应当根据受益对象，将每期应付的租金计入相关资产成本或当期损益，并确认应付职工薪酬，借记"管理费用""生产成本""制造费用"等科目，贷记"应付职工薪酬——非货币性福利"科目。难以认定受益对象的非货币性福利，直接计入当期损益和应付职工薪酬。

（四）设定提存计划的核算

对于设定提存计划，企业应当根据在资产负债表日为换取职工在会计期间提供的服务而应向单独主体缴存的提存金，确认为应付职工薪酬负债，并计入当期损益或相关资产成本，借记"生产成本""制造费用""管理费用""销售费用"等科目，贷记"应付职工薪酬——设定提存计划"科目。

二、应交税费

（一）应交税费概述

企业根据税法规定应交纳的各种税费包括：增值税、消费税、城市维护建设税、资源税、企业所得税、土地增值税、房产税、车船税、土地使用税、教育费附加、矿产资源补偿费、印花税、耕地占用税等。

企业应通过"应交税费"科目，总括反映各种税费的应交、交纳等情况。该科目贷方登记应交纳的各种税费等，借方登记实际交纳的税费；期末余额一般在贷方，反映企业尚未交纳的税费，期末余额如在借方，反映企业多交或尚未抵扣的税费。本科目按应交的税费项目设置明细科目进行明细核算。

企业代扣代交的个人所得税等，也通过"应交税费"科目核算，而企业交纳的印花税、耕地占用税等不需要预计应交纳的税金，不通过"应交税费"科目核算。

（二）应交增值税

1. 增值税概述

增值税是以商品（含应税劳务、应税服务）在流转过程中产生的增值额作为计税依据而征收的一种流转税。我国增值税相关法规规定，在我国境内销售货物或者提供加工、修理修配劳务（以下简称应税劳务），交通运输业、邮政业、电信业、部分现代服务业服务（以下简称应税服务），以及进口货物的企业单位和个人为增值税的纳税人。

根据经营规模大小及会计核算健全程度，增值税纳税人分为一般纳税人和小规模纳税人。

一般纳税人采用购进扣税法计算当期增值税应纳税额，即先按当期销售额和适用税率计算出销项税额，然后对当期购进项目向对方支付的税款进行抵扣，从而间接算出当期的应纳税额。其计算公式如下：

$$当期应纳税额 = 当期销项税额 - 当期进项税额$$

公式中的"当期销项税额"是指纳税人当期销售货物、提供应税劳务和应税服务，按照销售额和增值税税率计算的增值税额。"当期进项税额"是指纳税人当期购进货物、接受应税劳务和应税服务支付或负担的增值税额，通常包括：

（1）从销售方或提供方取得的增值税专用发票上注明的增值税额。

（2）从海关取得的海关进口增值税专用缴款书上注明的增值税额。

（3）购进农产品，除取得增值税专用发票或者海关进口增值税专用缴款书外，按照农产品收购发票或者销售发票上注明的农产品买价和13%的扣除率计算的进项税额。

（4）接受境外单位或者个人提供的应税服务，从税务机关或者境内代理人取得的解缴税款的中华人民共和国税收缴款凭证（以下称税收缴款凭证）上注明的增值税额。

当期销项税额小于当期进项税额不足抵扣时，其不足部分可以结转下期继续抵扣。

小规模纳税人销售货物、提供应税劳务和应税服务，实行按照销售额和征收率计算应纳税额的简易办法，但不得抵扣进项税额。应纳税额计算公式：

$$应纳税额=销售额\times征收率$$

2. 一般纳税人的账务处理

为了核算企业应交增值税的发生、抵扣、交纳、退税及转出等情况，增值税一般纳税人应在"应交税费"科目下设置"应交增值税"明细科目，并在"应交增值税"明细账内设置"进项税额""已交税金""销项税额""出口退税""进项税额转出"等专栏。

（1）采购商品与接受应税劳务和应税服务

企业从国内采购商品或接受应税劳务和应税服务等，根据增值税专用发票上记载的应计入采购成本或应计入加工、修理修配等物资成本的金额，借记"固定资产""材料采购""在途物资""原材料""库存商品"或"生产成本""制造费用""委托加工物资""管理费用"等科目，根据增值税专用发票上注明的可抵扣的增值税额，借记"应交税费——应交增值税（进项税额）"科目，按照应付或实际支付的总额，贷记"应付账款""应付票据""银行存款"等科目。购入货物发生的退货，做相反的会计分录。

企业购入免税农产品，按照买价和规定的扣除率计算进项税额，借记"应交税费——应交增值税（进项税额）"科目，按买价扣除按规定计算的进项税额后的差额，借记"材料采购""原材料""商品采购""库存商品"等科目，按照应付或实际支付的价款，贷记"应付账款""银行存款"等科目。

（2）进项税额转出

企业购进的货物发生非常损失，以及将购进货物改变用途（如用于非应税项目、集体福利或个人消费等），其进项税额应通过"应交税费——应交增值税（进项税额转出）"

科目转入有关科目，借记"待处理财产损溢""在建工程""应付职工薪酬"等科目，贷记"应交税费——应交增值税（进项税额转出）"科目；属于转作待处理财产损失的进项税额，应与遭受非常损失的购进货物、在产品或库存商品的成本一并处理。购进货物改变用途通常是指购进的货物在没有经过任何加工的情况下，对内改变用途的行为，如企业在建工程项目领用原材料等。

（3）销售货物或者提供应税劳务和应税服务

企业销售货物或者提供应税劳务和应税服务，按照营业收入和应收取的增值税税额，借记"应收账款""应收票据""银行存款"等科目，按专用发票上注明的增值税税额，贷记"应交税费——应交增值税（销项税额）"科目，按照实现的营业收入，贷记"主营业务收入""其他业务收入"等科目。发生的销售退回，做相反的会计分录。

（4）视同销售行为

企业的有些交易和事项从会计角度看不属于销售行为，不能确认销售收入，但按照税法规定，应视同对外销售处理，计算应交增值税。视同销售需要交纳增值税的事项，如企业将自产或委托加工的货物用于非应税项目、集体福利或个人消费，将自产、委托加工或购买的货物作为投资、分配给股东或投资者、无偿赠送他人等。在这些情况下，企业应当借记"在建工程""长期股权投资""营业外支出"等科目，贷记"应交税费——应交增值税（销项税额）"科目等。

（5）出口退税

企业出口产品按规定退税的，按应收的出口退税额，借记"其他应收款"科目，贷记"应交税费——应交增值税（出口退税）"科目。

（6）交纳增值税

企业交纳的增值税，借记"应交税费——应交增值税（已交税金）"科目，贷记"银行存款"科目。"应交税费——应交增值税"科目的贷方余额，表示企业应交纳的增值税。

3. 小规模纳税人的账务处理

小规模纳税企业应当按照不含税销售额和规定的增值税征收率计算交纳增值税，销售货物或提供应税劳务和应税服务时只能开具普通发票，不能开具增值税专用发票。小规模纳税企业不享有进项税额的抵扣权，其购进货物或接受应税劳务和应税服务支付的增值税直接计入有关货物或劳务的成本。因此，小规模纳税企业只须在"应交税费"科目下设置"应交增值税"明细科目，不需要在"应交增值税"明细科目中设置专栏。"应交税费——应交增值税"科目贷方登记应交纳的增值税，借方登记已交纳的增值税；期末贷方余额反映尚未交纳的增值税，借方余额反映多交纳的增值税。

小规模纳税企业购进货物与接受应税劳务和应税服务时支付的增值税，直接计入有关货物和劳务的成本，借记"材料采购""在途物资"等科目，贷记"银行存款"等科目；销售货物、提供应税劳务和应税服务，按全部价款，借记"银行存款"等科目，按不含税的销售额，贷记"主营业务收入"等科目，按应纳增值税税额，贷记"应交税费——应交增值税"科目。

（三）应交消费税

1. 消费税概述

消费税是指在我国境内生产、委托加工和进口应税消费品的单位和个人，按其流转额交纳的一种税。消费税有从价定率和从量定额两种征收方法。采取从价定率方法征收的消费税，以不含增值税的销售额为税基，按照税法规定的税率计算。企业的销售收入包含增值税的，应将其换算为不含增值税的销售额。采取从量定额计征的消费税，根据按税法确定的企业应税消费品的数量和单位应税消费品应缴纳的消费税计算确定。

2. 应交消费税的账务处理

企业应在"应交税费"科目下设置"应交消费税"明细科目，核算应交消费税的发生、交纳情况。该科目贷方登记应交纳的消费税，借方登记已交纳的消费税；期末贷方余额反映企业尚未交纳的消费税，借方余额反映企业多交纳的消费税。

（1）销售应税消费品

企业销售应税消费品应交的消费税，应借记"营业税金及附加"科目，贷记"应交税费——应交消费税"科目。

（2）自产自用应税消费品

企业将生产的应税消费品用于在建工程等非生产机构时，按规定应交纳的消费税，借记"在建工程"等科目，贷记"应交税费——应交消费税"科目。

（3）委托加工应税消费品

企业如有应交消费税的委托加工物资，一般应由受托方代收代缴税款。委托加工物资收回后，直接用于销售的，应将受托方代收代缴的消费税计入委托加工物资的成本，借记"委托加工物资"等科目，贷记"应付账款""银行存款"等科目；委托加工物资收回后用于连续生产应税消费品的，按规定准予抵扣的，应按已由受托方代收代缴的消费税，借记"应交税费——应交消费税"科目，贷记"应付账款""银行存款"等科目，待用委托加工的应税消费品生产出应纳消费税的产品销售时，再交纳消费税。

（4）进口应税消费品

企业进口应税物资在进口环节应交的消费税，计入该项物资的成本，借记"材料采购""固定资产"等科目，贷记"银行存款"科目。

（四）其他应交税费

其他应交税费是指除上述应交税费以外的其他各种应上交国家的税费，包括应交资源税、应交城市维护建设税、应交土地增值税、应交所得税、应交房产税、应交土地使用税、应交车船税、应交教育费附加、应交矿产资源补偿费、应交个人所得税等企业应当在"应交税费"科目下设置相应的明细科目进行核算，贷方登记应交纳的有关税费，借方登记已交纳的有关税费，期末贷方余额反映尚未交纳的有关税费。

1. 应交资源税

资源税是对在我国境内开采矿产品或者生产盐的单位和个人征收的税。对外销售应税产品应交纳的资源税应记入"营业税金及附加"科目，借记"营业税金及附加"科目，贷记"应交税费——应交资源税"科目；自产自用应税产品应交纳的资源税应记入"生产成本""制造费用"等科目，借记"生产成本""制造费用"等科目，贷记"应交税费——应交资源税"科目。

2. 应交城市维护建设税

城市维护建设税是以增值税、消费税、营业税为计税依据征收的一种税。其纳税人为交纳增值税、消费税、营业税的单位和个人，以纳税人实际缴纳的增值税、消费税、营业税税税额为计税依据，并分别与三项税金同时交纳。税率因纳税人所在地不同从1%~7%不等。

$$应纳税额=（应交增值税+应交消费税+应交营业税）\times 适用税率$$

企业按规定计算出应交纳的城市维护建设税，借记"营业税金及附加"等科目，贷记"应交税费——应交城市维护建设税"科目。交纳城市维护建设税，借记"应交税费——应交城市维护建设税"科目，贷记"银行存款"科目。

3，应交教育费附加

教育费附加是为了发展教育事业而向企业征收的附加费用，企业按应交流转税的一定比例计算交纳。企业按规定计算出应交纳的教育费附加，借记"营业税金及附加"等科目，贷记"应交税费——应交教育费附加"科目。

4. 应交土地增值税

土地增值税是对转让国有土地使用权、地上的建筑物及其附着物（以下简称转让房地产）并取得增值性收入的单位和个人所征收的一种税。

土地增值税按照转让房地产所取得的增值额和规定的税率计算征收。转让房地产的增值额是转让收入减去税法规定扣除项目金额后的余额，其中，转让收入包括货币收入、实物收入和其他收入；扣除项目主要包括取得土地使用权所支付的金额、房地产开发成本及费用、与转让房地产有关的税金、旧房及建筑物的评估价格、财政部确定的其他扣除项目等。土地增值税采用四级超率累进税率，其中最低税率为30%，最高税率为60%。根据企业对房地产核算方法不同，企业应交土地增值税的账务处理也有所区别：企业转让的土地使用权连同地上建筑物及其附着物一并在"固定资产"科目核算的，转让时应交的土地增值税，借记"固定资产清理"科目，贷记"应交税费——应交土地增值税"科目；土地使用权在"无形资产"科目核算的，按实际收到的金额，借记"银行存款""累计摊销""无形资产减值准备"科目，按应交的土地增值税，贷记"应交税费——应交土地增值税"科目，同时冲销土地使用权的账面价值，贷记"无形资产"科目，按其差额，借记"营业外支出"科目或贷记"营业外收入"科目；房地产开发经营企业销售房地产应交纳的土地增值税，借记"营业税金及附加"科目，贷记"应交税费——应交土地增值税"科目。交纳土地增值税，借记"应交税费——应交土地增值税"科目，贷记"银行存款"科目。

5. 应交房产税、城镇土地使用税和车船税

房产税是国家对在城市、县城、建制镇和工矿区征收的由产权所有人交纳的一种税。房产税依照房产原值一次减除10%~30%后的余额计算交纳。没有房产原值作为依据的，由房产所在地税务机关参考同类房产核定；房产出租的，以房产租金收入为房产税的计税依据。

城镇土地使用税是以城市、县城、建制镇、工矿区范围内使用土地的单位和个人为纳税人，以其实际占用的土地面积和规定税额计算征收。

车船税是以车辆、船舶（简称车船）为课征对象，向车船的所有人或者管理人征收的一种税。

企业应交的房产税、城镇土地使用税、车船税、矿产资源补偿费，记入"管理费用"科目，借记"管理费用"科目，贷记"应交税费——应交房产税（或应交城镇土地使用

税、应交车船税)"科目。

6. 应交个人所得税

企业职工按规定应交纳的个人所得税通常由单位代扣代交。企业按规定计算的代扣代交的职工个人所得税，借记"应付职工薪酬"科目，贷记"应交税费——应交个人所得税"科目；企业交纳个人所得税时，借记"应交税费——应交个人所得税"科目，贷记"银行存款"等科目。

第四节 应付股利及其他应付款

一、应付股利

应付股利是指企业根据股东大会或类似机构审议批准的利润分配方案确定分配给投资者的现金股利或利润。企业通过"应付股利"科目，核算企业确定或宣告支付但尚未实际支付的现金股利或利润。该科目贷方登记应支付的现金股利或利润；借方登记实际支付的现金股利或利润；期末贷方余额反映企业应付未付的现金股利或利润。本科目应按照投资者设置明细科目进行明细核算。

企业根据股东大会或类似机构审议批准的利润分配方案，确认应付给投资者的现金股利或利润时，借记"利润分配——应付现金股利或利润"科目，贷记"应付股利"科目；向投资者实际支付现金股利或利润时，借记"应付股利"科目，贷记"银行存款"等科目。

需要说明的是，企业董事会或类似机构通过的利润分配方案中拟分配的现金股利或利润，不需要进行账务处理，但应在附注中披露。企业分配的股票股利不通过"应付股利"科目核算。

二、其他应付款

其他应付款是指企业除应付票据、应付账款、预收账款、应付职工薪酬、应交税费、应付股利等经营活动以外的其他各项应付、暂收的款项，如应付经营租赁固定资产租金、租入包装物租金、存入保证金等。企业应通过"其他应付款"科目，核算其他应付款的增减变动及其结存情况。该科目贷方登记发生的各种应付、暂收款项；借方登记偿还或转销的各种应付、暂收款项;该科目期末贷方余额,反映企业应付未付的其他应付款项。本科目按照其他应付款的项目和对方单位(或个人)设置明细科目进行明细核算。

企业发生其他各种应付、暂收款项时,借记"管理费用"等科目,贷记"其他应付款"科目;支付或退回其他各种应付、暂收款项时,借记"其他应付款"科目,贷记"银行存款"等科目。

例如,某公司从1月1日起,以经营租赁方式租入一批管理用办公设备,每月租金8 000元,按季支付。3月31日,某公司以银行存款支付应付租金24 000元。某公司应编制如下会计分录:

(1) 1月31日计提应付经营租入固定资产租金:

借:管理费用　　　　　8 000

贷:其他应收　　　　　8 000

2月底计提应付经营租入固定资产租金的会计处理同上。

(2) 3月31日支付租金:

借:其他应付款　　　　16 000

管理费用　　　　　8 000

贷:银行存款　　　　　24 000

第五节　应付债券及长期应付款

一、应付债券

(一) 应付债券概述

应付债券是指企业为筹集(长期)资金而发行的债券。通过发行债券取得的资金,构成了企业一项非流动负债,企业会在未来某一特定日期按债券所记载的利率、期限等约定还本付息。

企业债券发行价格的高低一般取决于债券票面金额、债券票面利率、发行当时的市场利率以及债券期限的长短等因素。债券发行有面值发行、溢价发行和折价发行三种情况。企业债券按其面值价格发行,称为面值发行;以低于债券面值价格发行,称为折价发行;

以高于债券面值价格发行,则称为溢价发行。债券溢价或折价不是债券发行企业的收益或损失,而是发行债券企业在债券存续期内对利息费用的一种调整。

(二) 应付债券的账务处理

企业应通过设置"应付债券"科目,核算应付债券发行、计提利息、还本付息等情况。该科目贷方登记应付债券的本金和利息;借方登记归还的债券本金和利息;期末贷方余额表示企业尚未偿还的长期债券。本科目可按"面值""利息调整""应计利息"等设置明细科目进行明细核算。

企业应当设置"企业债券备查簿",详细登记每一企业债券的票面金额、债券票面利率、还本付息期限与方式、发行总额、发行日期和编号、委托代售单位、转换股份等资料。企业债券到期结清时,应当在备查簿内逐笔注销。

应付债券有面值发行、溢价发行和折价发行三种会计处理方法,下面只讲解债券按面值发行的会计处理。

1. 发行债券

企业按面值发行债券时,应按实际收到的金额,借记"银行存款"等科目,按债券票面金额,贷记"应付债券——面值"科目;存在差额的,还应借记或贷记"应付债券——利息调整"科目。

2. 债券利息的确认

发行长期债券的企业,应按期计提利息。对于按面值发行的债券,在每期采用票面利率计算计提利息时,应当按照与长期借款相一致的原则计入有关成本费用,借记"在建工程""制造费用""财务费用""研发支出"等科目;其中,对于分期付息、到期一次还本的债券,其按票面利率计算确定的应付未付利息通过"应付利息"科目核算,对于一次还本付息的债券,其按票面利率计算确定的应付未付利息通过"应付债券——应计利息"科目核算。应付债券按实际利率(实际利率与票面利率差异较小时也可按票面利率)计算确定的利息费用,应按照与长期借款相一致的原则计入有关成本、费用。

3. 债券还本付息

长期债券到期,企业支付债券本息时,借记"应付债券——面值"和"应付债券——应计利息""应付利息"等科目,贷记"银行存款"等科目。

二、长期应付款

长期应付款是指企业除长期借款和应付债券以外的其他各种长期应付款项，包括应付融资租入固定资产的租赁费、以分期付款方式购入固定资产发生的应付款项等。长期应付款除具有长期负债的一般特点外，还具有款项主要形成固定资产并分期付款的特点。

企业应设置"长期应付款"科目，核算企业融资租入固定资产和以分期付款方式购入固定资产时应付的款项及偿还情况。该科目贷方反映应付的长期应付款项；借方反映偿还的长期应付款项；期末贷方余额，反映企业应付未付的长期应付款项。本科目可按长期应付款的种类和债权人设置明细科目进行明细核算。

（一）应付融资租赁款

应付融资租赁款是指企业融资租入固定资产而形成的非流动负债。

企业融资租入的固定资产，在租赁有效期限内，其所有权仍归出租方，但承租方获得了租赁资产的实质控制权，享有了资产在有效使用期限内带来的各种经济利益，同时，作为取得这项权利的代价，需要支付大致相等于该项资产的公允价值的金额，这些款项在支付前，构成了应付融资租赁款。

融资租入固定资产时，在租赁期开始日，按应计入固定资产成本的金额（租赁开始日租赁资产公允价值与最低租赁付款额现值两者中较低者，加上初始直接费用），借记"在建工程"或"固定资产"科目，按最低租赁付款额，贷记"长期应付款"科目，按发生的初始直接费用，贷记"银行存款"等科目，按其差额，借记"未确认融资费用"科目。

在融资租赁下，承租人向出租人支付的租金中，包含了本金和利息两部分。承租人支付租金时，一方面应减少长期应付款；另一方面应将未确认的融资费用，在租赁期内各个期间按一定的方法确认为当期融资费用。企业应当采用实际利率法计算确认当期的融资费用。

（二）具有融资性质的延期付款

企业购买资产有可能延期支付有关价款。如果延期支付的购买价款超过正常信用条件，实质上具有融资性质的，所购资产的成本应当以延期支付购买价款的现值为基础确定。实际支付的价款与购买价款的现值之间的差额，应当在信用期间内采用实际利率法进行摊销，计入相关资产成本或当期损益。具体来说，企业购入资产超过正常信用条件延期付款实质上具有融资性质时，应按购买价款的现值，借记"固定资产""在建工程"等科目，按应支付的价款总额，贷记"长期应付款"科目，按其差额，借记"未确认融资费用"科目。企业在信用期间内采用实际利率法摊销未确认融资费用，应按摊销额，借记"在建工程""财务费用"等科目，贷记"未确认融资费用"科目。

第六节 实收资本、资本公积与留存收益

一、实收资本

（一）实收资本概述

实收资本是指企业按照章程规定或合同、协议约定，接受投资者投入企业的资本。实收资本的构成比例或股东的股份比例，是确定所有者在企业所有者权益中份额的基础，也是企业进行利润或股利分配的主要依据。

我国公司法规定，股东可以用货币出资，也可以用实物、知识产权、土地使用权等可以用货币估价并可以依法转让的非货币财产作价出资；但法律、行政法规规定不得作为出资的财产除外。企业应当对作为出资的非货币财产评估作价，核实财产，不得高估或者低估作价。法律、行政法规对评估作价有规定的，从其规定。全体股东的货币出资金额不得低于有限责任公司注册资本的30%。不论以何种方式出资，投资者如在投资过程中违反投资合约或协议约定，不按规定如期缴足出资额，企业可以依法追究投资者的违约责任。

企业收到所有者投入企业的资本后，应根据有关原始凭证（如投资清单、银行通知单等），分别不同的出资方式进行会计处理。

（二）实收资本的账务处理

1. 接受现金资产投资

（1）股份有限公司以外的企业接受现金资产投资

实收资本的构成比例即投资者的出资比例或股东的股份比例，通常是确定所有者在企业所有者权益中所占的份额和参与企业生产经营决策的基础，也是企业进行利润分配或股利分配的依据，同时还是企业清算时确定所有者对净资产的要求权的依据。

（2）股份有限公司接受现金资产投资

股份有限公司发行股票时，既可以按面值发行股票，也可以溢价发行（我国目前不允许折价发行）。股份有限公司在核定的股本总额及核定的股份总额的范围内发行股票时，应在实际收到现金资产时进行会计处理。

2. 接受非现金资产投资

（1）接受投入固定资产

企业接受投资者作价投入的房屋、建筑物、机器设备等固定资产，应按投资合同或协议约定价值确定固定资产价值（但投资合同或协议约定价值不公允的除外）和在注册资本中应享有的份额。

（2）接受投入材料物资

企业接受投资者作价投入的材料物资，应按投资合同或协议约定价值确定材料物资价值（但投资合同或协议约定价值不公允的除外）和在注册资本中应享有的份额。

（3）接受投入无形资产

企业收到以无形资产方式投入的资本，应按投资合同或协议约定价值确定无形资产价值（但投资合同或协议约定价值不公允的除外）和在注册资本中应享有的份额。

3. 实收资本（或股本）的增减变动

在一般情况下，企业的实收资本应相对固定不变，但在某些特定情况下，实收资本也可能发生增减变化。我国企业法人登记管理条例规定，除国家另有规定外，企业的注册资金应当与实收资本相一致，当实收资本比原注册资金增加或减少的幅度超过20%时，应持资金使用证明或者验资证明，向原登记主管机关申请变更登记。如擅自改变注册资本或抽逃资金，要受到工商行政管理部门的处罚。

（1）实收资本（或股本）的增加

一般企业增加资本主要有三个途径：接受投资者追加投资、资本公积转增资本和盈余公积转增资本。

需要注意的是，由于资本公积和盈余公积均属于所有者权益，用其转增资本时，如果是独资企业比较简单，直接结转即可。如果是股份有限公司或有限责任公司应该按照原投资者各自出资比例相应增加各投资者的出资额。

（2）实收资本（或股本）的减少

企业减少实收资本应按法定程序报经批准，股份有限公司采用收购本公司股票方式减资的，通过"库存股"科目核算回购股份的金额。减资时，按股票面值和注销股数计算的股票面值总额冲减股本，按注销库存股的账面余额与所冲减股本的差额冲减股本溢价，股本溢价不足冲减的，应依次冲减"盈余公积""利润分配——未分配利润"等科目。如果回购股票支付的价款低于面值总额的，所注销库存股的账面余额与所冲减股本的差额作为增加资本公积（股本溢价）处理。

二、资本公积

（一）资本公积概述

1. 资本公积的来源

资本公积是企业收到投资者出资额超出其在注册资本（或股本）中所占份额的部分，以及其他资本公积等。资本公积包括资本溢价（或股本溢价）和其他资本公积等。形成资本溢价（或股本溢价）的原因有溢价发行股票、投资者超额缴入资本等。其他资本公积是指除净损益、其他综合收益和利润分配以外所有者权益的其他变动。如企业的长期股权投资采用权益法核算时，因被投资单位除净损益、其他综合收益和利润分配以外所有者权益的其他变动，投资企业按应享有份额而增加或减少的资本公积。

企业根据国家有关规定实行股权激励的，如果在等待期内取消了授予的权益工具，企业应在进行权益工具加速行权处理时，将剩余等待期内应确认的金额立即计入当期损益，并同时确认资本公积。企业集团（由母公司和其全部子公司构成）内发生的股份支付交易，如结算企业是接受服务企业的投资者，应当按照授予日权益工具的公允价值或应承担负债的公允价值确认为对接受服务企业的长期股权投资，同时确认资本公积（其他资本公积）或负债。

资本公积的核算包括资本溢价（或股本溢价）的核算、其他资本公积的核算和资本公积转增资本的核算等内容。

2. 资本公积与实收资本（或股本）、留存收益的区别

（1）资本公积与实收资本（或股本）的区别

①从来源和性质看

实收资本（或股本）是指投资者按照企业章程或合同、协议的约定，实际投入企业并依法进行注册的资本，它体现了企业所有者对企业的基本产权关系。资本公积是投资者的出资额超出其在注册资本中所占份额的部分，以及直接计入所有者权益的利得和损失，它不直接表明所有者对企业的基本产权关系。

②从用途看

实收资本（或股本）的构成比例是确定所有者参与企业财务经营决策的基础，也是企业进行利润分配或股利分配的依据，同时还是企业清算时确定所有者对净资产的要求权的依据。资本公积的用途主要是用来转增资本（或股本）。资本公积不体现各所有者的占有比例，也不能作为所有者参与企业财务经营决策或进行利润分配（或股利分配）的依据。

(2) 资本公积与留存收益的区别

资本公积的来源不是企业实现的利润，而主要来自资本溢价（或股本溢价）等。留存收益是企业从历年实现的利润中提取或形成的留存于企业的内部积累，来源于企业生产经营活动实现的利润。

（二）资本公积的账务处理

1. 资本溢价（或股本溢价）

(1) 资本溢价

除股份有限公司外的其他类型的企业，在企业创立时，投资者认缴的出资额与注册资本一致，一般不会产生资本溢价。但在企业重组或有新的投资者加入时，常常会出现资本溢价。因为在企业进行正常生产经营后，其资本利润率通常要高于企业初创阶段。另外，企业有内部积累，新投资者加入企业后，对这些积累也要分享，所以新加入的投资者往往要付出大于原投资者的出资额，才能取得与原投资者相同的出资比例。投资者多缴的部分就形成了资本溢价。

(2) 股本溢价

股份有限公司是以发行股票的方式筹集股本的，股票可按面值发行，也可按溢价发行，我国目前不准折价发行。与其他类型的企业不同，股份有限公司在成立时可能会溢价发行股票，因而在成立之初，就可能会产生股本溢价。股本溢价的数额等于股份有限公司发行股票时实际收到的款额超过股票面值总额的部分。

在按面值发行股票的情况下，企业发行股票取得的收入，应全部作为股本处理；在溢价发行股票的情况下，企业发行股票取得的收入，等于股票面值部分作为股本处理，超出股票面值的溢价收入应作为股本溢价处理。

发行股票相关的手续费、佣金等交易费用，如果是溢价发行股票的，应从溢价中抵扣，冲减资本公积（股本溢价）；无溢价发行股票或溢价金额不足以抵扣的，应将不足抵扣的部分冲减盈余公积和未分配利润。

2. 其他资本公积

企业对被投资单位的长期股权投资采用权益法核算的，在持股比例不变的情况下，对因被投资单位除净损益、其他综合收益和利润分配以外的所有者权益的其他变动，应按持股比例计算其应享有或应分担被投资单位所有者权益的增减数额。在处置长期股权投资时，应转销与该笔投资相关的其他资本公积。

3. 资本公积转增资本

经股东大会或类似机构决议，用资本公积转增资本时，应冲减资本公积，同时按照转增资本前的实收资本（或股本）的结构或比例，将转增的金额记入"实收资本"（或"股本"）科目下各所有者的明细分类账。

三、留存收益

（一）留存收益概述

留存收益是指企业从历年实现的利润中提取或形成的留存于企业的内部积累，包括盈余公积和未分配利润两类。

盈余公积是指企业按照有关规定从净利润金提取的积累资金。公司制企业的盈余公积包括法定盈余公积和任意盈余公积。法定盈余公积是指企业按照规定的比例从净利润中提取的盈余公积。任意盈余公积是指企业按照股东会或股东大会决议提取的盈余公积。

企业提取的盈余公积经批准可用于弥补亏损、转增资本或发放现金股利或利润等。

未分配利润是指企业实现的净利润经过弥补亏损、提取盈余公积和向投资者分配利润后留存在企业的、历年结存的利润。相对所有者权益的其他部分来说，企业对于未分配利润的使用有较大的自主权。

（二）留存收益的账务处理

1. 利润分配

利润分配是指企业根据国家有关规定和企业章程、投资者协议等，对企业当年可供分配的利润所进行的分配。

可供分配的利润=当年实现的净利润（或净亏损）+年初未分配利润（或-年初未弥补亏损）+其他转入

利润分配的顺序依次是：提取法定盈余公积；提取任意盈余公积；向投资者分配利润。

企业应通过"利润分配"科目，核算企业利润的分配（或亏损的弥补）和历年分配（或弥补）后的未分配利润（或未弥补亏损）。该科目应分别"提取法定盈余公积""提取任意盈余公积""应付现金股利或利润""盈余公积补亏""未分配利润"等进行明细核算。企业未分配利润通过"利润分配——未分配利润"明细科目进行核算。年度终了，企业应将全年实现的净利润或发生的净亏损，自"本年利润"科目转入"利润分配——未分配利润"科目，并将"利润分配"科目所属其他明细科目的余额，转入"未分配利润"明细科目。结转后，"利润分配——未分配利润"科目如为贷方余额，表示累积未分配的利润数额；如为借方余额，则表示累积未弥补的亏损数额。

2. 盈余公积

公司制企业应按照净利润（减弥补以前年度亏损，下同）的10%提取法定盈余公积。非公司制企业法定盈余公积的提取比例可超过净利润的10%。法定盈余公积累计额已达注册资本的50%时可以不再提取。值得注意的是，如果以前年度未分配利润有盈余（即年初未分配利润余额为正数），在计算提取法定盈余公积的基数时，不应包括企业年初未分配利润；如果以前年度有亏损（即年初未分配利润余额为负数），应先弥补以前年度亏损再提取盈余公积。

公司制企业可根据股东会或股东大会的决议提取任意盈余公积。非公司制企业经类似权力机构批准，也可提取任意盈余公积。法定盈余公积和任意盈余公积的区别在于其各自计提的依据不同，前者以国家的法律法规为依据；后者由企业的权力机构自行决定。

企业提取的盈余公积经批准可用于弥补亏损、转增资本、发放现金股利或利润等。

（1）提取盈余公积

企业按规定提取盈余公积时，应通过"利润分配"和"盈余公积"等科目核算。

例如，公司本年实现净利润为5 000 000元，年初未分配利润为0元。经股东大会批准，公司按当年净利润的10%提取法定盈余公积。假定不考虑其他因素，公司应编制如下会计分录：

借：利润分配——提取法定盈余公积 500 000

贷：盈余公积——法定盈余公积 500 000

本年提取法定盈余公积金额=5 000 000×10%=500 000（元）

（2）盈余公积补亏

经股东大会批准，某公司用以前年度提取的盈余公积弥补当年亏损，当年弥补亏损的数额为 600 000 元。假定不考虑其他因素。公司应编制如下会计分录：

借：盈余公积 600 000

贷：利润分配盈余公积补亏 600 000

（3）盈余公积转增资本

例如，因扩大经营规模需要，经股东大会批准，公司将盈余公积 400 000 元转增股本。假定不考虑其他因素。公司应编制如下会计分录：

借：盈余公积 400 000

贷：股本 400 000

第五章 财务会计管理

第一节 财务会计管理的概念

企业财务会计管理是企业管理的重要组成部分,它是根据财经法规制度,按照财务会计管理的原则,组织企业财务活动,处理企业财务关系的一项经济管理工作。财务会计管理是一项综合性很强的管理工作,它与企业各方面具有广泛联系,能迅速反映企业的生产经营状况。

企业的生产经营过程是实物商品或服务的运动与资金的运动相结合的运动过程,资金运动不仅以资金循环的形式存在,还伴随着生产经营过程不断进行。企业资金的收支构成了企业经济活动的一个独立方面,因此资金运动也表现为一个周而复始的周转过程。可以说,从企业的筹建、扩展、正常经营到终结清算,都有大量的财务问题,而解决这些财务问题就需要很好地组织财务活动,处理好财务关系。为此,首先要了解与财务会计管理相关的基本理论。

任何企业的生产经营活动,都是运用人力、资金、物资与信息等各项生产经营要素来进行的,可以分为生产经营的业务活动和财务活动两个方面,与之对应,在企业中必然存在两种基本管理活动,即生产经营管理和财务会计管理。企业财务是指企业生产经营过程中的资金运动及其所体现的财务关系。财务会计管理是组织企业财务活动,处理财务关系的一项经济管理工作。理解企业财务会计管理的基本概念,还必须了解资金运动、财务活动及财务关系等相关概念。

一、财务会计管理的内容

公司的基本活动是从资本市场上筹集资本,投资于生产性经营资产,并运用这些资本进行生产经营活动。因此,公司的基本活动可以分为投资、筹资和营业活动几个方面,财务管理主要与投资和筹资有关。

从财务管理角度看,投资可以分为长期投资和短期投资,筹资也可以分为长期筹资和短期筹资,这样财务管理的内容可以分为四个部分:长期投资、短期投资、长期筹资和短期筹资。由于短期投资和短期筹资有密切关系,通常合并在一起讨论,称为营运资本管理(或短期财务管理)。

(一) 筹资管理

长期筹资是指公司筹集生产经营所需要的长期资本。它具有以下特点。

1. 筹资的主体是公司

公司是有别于业主的独立法人。它可以在资本市场上筹集资本,同时承诺提供回报。企业可以直接在资本市场上向潜在的资本所有权人融资,如发行股票、债券等;也可通过金融机构间接融资,如向银行借款等。

2. 筹资的对象是长期资本

长期资本是指企业可长期使用的资本,包括权益资本和长期负债资本。权益资本不需要归还,企业可以长期使用,属于长期资本。长期借款和长期债券虽然需要归还,但是可以持续使用较长时间,也属于长期资本。习惯上把1年以上的债务称为长期债务资本。

长期筹资还包括股利分配。股利分配决策同时也是内部筹资决策。净利润是属于股东的,应该分配给他们,留存一部分收益而不将其分给股东,实际上是向现有股东筹集权益资本。

3. 筹资的目的是满足公司的长期资本需要

筹集多少长期资本,应根据长期资本的需要量确定,两者应当匹配。按照投资持续时间结构去安排筹资时间结构,有利于降低利率风险和偿债风险。如果使用短期债务支持固定资产购置,短期债务到期时企业要承担出售固定资产偿债的风险。使用长期债务支持长期资产,可以锁定利息支出,避免短期利率变化的风险。

长期筹资决策的主要问题是资本结构决策和股利分配决策。长期债务资本和权益资本的特定组合,称为资本结构。债务资本和权益资本有很大不同,企业必须对它们进行权衡,确定适宜的长期负债/权益比。这个比例决定了企业现金流中有多大比例流向债权人,以及有多大比例流向股东。资本结构决策是最重要的筹资决策。股利分配决策,主要是决定净利润留存和分给股东的比例,也是一项重要的筹资决策。

（二）投资管理

这里的长期投资，是指公司对经营性长期资产的直接投资。它具有以下特征。

1. 投资的主体是公司

公司投资不同于个人或专业投资机构的投资。公司投资是直接投资，即现金直接投资于经营性（或称生产性）资产，然后用其开展经营活动并获取利润。个人或专业投资机构是把现金投资于企业，然后企业用这些现金再投资于经营资产，属于间接投资。直接投资的投资人（公司）在投资以后继续控制实物资产，因此，可以直接控制投资回报；间接投资的投资人（公司的债权人和股东）在投资以后不直接控制经营性资产，因此，只能通过契约或更换代理人间接控制投资回报。

2. 投资的对象是经营性资产

经营性资产包括建筑物、厂房、机器设备、存货等。经营性资产投资有别于金融资产投资。金融资产投资的对象主要是股票、债券、各种衍生金融工具等，习惯上也称证券投资。经营资产和证券投资的分析方法不同，前者的核心是净现值原理，后者的核心是投资组合原理。

经营性资产投资的对象，包括固定资产和流动资产两类。固定资产投资的现金流出至现金流入的时间超过1年，属于长期投资；流动资产投资的现金流出至现金流入的时间不超过1年，属于短期投资。长期投资和短期投资的原则、程序和方法有较大区别，因此要分别讨论。

3. 长期投资的直接目的是获取经营活动所需要的实物资源

以便运用这些资源赚取营业利润。长期投资的直接目的不是获取固定资产的再出售收益，而是要使用这些固定资产。有的企业也会投资于其他公司，主要目的是控制其经营和资产以增加本企业的价值，而不是为了获取股利。

公司对于子公司的股权投资是经营性投资，目的是控制其经营，而不是期待再出售收益。合并报表将这些股权投资抵销，可以显示其经营性投资的本来面目。对子公司投资的评价方法，与直接投资经营性资产相同。对于合营企业和联营企业的投资也属于经营性投资，其分析方法与直接投资经营性资产相同。非金融企业长期持有少量股权证券或债券，在经济上缺乏合理性，没有取得正的净现值的依据，不如让股东自己去投资，还可以节约一些交易成本。有时企业也会购买一些风险较低的证券，将其作为现金的替代品，其目的是在保持流动性的前提下降低闲置现金的机会成本，或者对冲汇率、利率等金融风险，并非真正意义上的证券投资行为。

长期投资涉及的问题非常广泛，财务经理主要关心其财务问题，也就是现金流量的规模（期望回收多少现金）、时间（何时回收现金）和风险（回收现金的可能性如何）。长期投资现金流量的计划和管理过程，称为资本预算。

（三）营运资本管理

营运资本是指流动资产和流动负债的差额。

营运资本管理分为营运资本投资和营运资本筹资两部分。营运资本投资管理主要是制定营运资本投资政策，决定分配多少资本用于应收账款和存货，决定保留多少现金以备支付，以及对这些资本进行日常管理。营运资本筹资管理主要是制定营运资本筹资政策，决定向谁借入短期资本，借入多少短期资本，是否需要采用赊购融资，等等。

营运资本管理的目标有以下三个：第一，有效地运用流动资产，力求其边际收益大于边际成本；第二，选择最合理的筹资方式，最大限度地降低营运资本的资本成本；第三，加速流动资本周转，以尽可能少的流动资本支持同样的营业收入并保持公司支付能力。

营运资本管理与营业现金流有密切关系。由于营业现金流的时间和数量具有不确定性，以及现金流入和流出在时间上不匹配，使得公司经常会出现现金流缺口。公司配置较多的营运资本，有利于减少现金流的缺口，但会增加资本成本；如果公司配置较少的营运资本，有利于节约资本成本，但会增加不能及时偿债的风险。因此，公司需要根据具体情况权衡风险和报酬，制定适当的营运资本政策。

上述三部分内容中，长期投资主要涉及资产负债表的左方下半部分的项目，这些项目的类型和比例往往会因公司所处行业不同而有差异；长期筹资主要涉及资产负债表的右方下半部分的项目，这些项目的类型和比例往往会因企业组织的类型不同而有差异；营运资本管理主要涉及资产负债表的上半部分的项目，这些项目的类型和比例既和行业有关，也和组织类型有关。这三部分内容是相互联系、相互制约的。筹资和投资有关，一方面，投资决定需要筹资的规模和时间；另一方面，公司已经筹集到的资本制约了公司投资的规模。投资和经营有关系，一方面，生产经营活动的内容决定了需要投资的长期资产类型；另一方面，已经取得的长期资产决定了公司日常经营活动的特点和方式。长期投资、长期筹资和营运资本管理的最终目的，都是增加企业价值。

二、财务会计管理原则

财务会计管理的原则是企业财务会计管理工作必须遵循的准则。它是从企业理财实践中抽象出来的并在实践中证明是正确的行为规范,它反映着理财活动的内在要求。企业财务会计管理的原则一般包括如下内容。

(一) 货币时间价值原则

在践行货币时间原则的过程中,要积极落实切实有效的控制机制,将货币时间价值作为财务管理工作的基本概念,从而有效优化财务决策全过程。在时间推移的基础上,实现货币增值的目标。也就是说,企业在从事财务活动的同时,为了进一步落实资金流管理机制,要对货币时间价值不同时间点的资金流展开折算处理,落实决策取舍工作。

(二) 系统性原则

系统性原则包括整体观点、关联观点、环境适应性观点和发展观点。其中,整体观点要求财务管理从整体入手,统筹兼顾,各方协调,实现企业收益的最大化。关联观点是指在财务理论的创新过程中,必须建立企业各部门之间的有机联系,达到目标统一、方法合理的目的。环境适应性是指创新的财务管理理论必须适应全球经济一体化和市场经济的大环境。发展观点则是指创新时必须具有一定的前瞻性,以适应我国将来经济形势变化的需要。

(三) 批判与继承相结合原则

我国计划经济时代的财务管理理论体系,已经不能适应新时代市场经济快速健康合理发展的需要。但是其中包含的马克思主义思想、辩证唯物主义的世界观和方法论,以及我国传统文化思想中的理财思想和理财经验,却是新时代财务管理理论创新过程中应该继承和发扬的。因此,要以批判与继承相结合的原则为指导思想,合理处置一些整体上不能适应市场经济发展要求的财务管理理论,对于那些仍具有先进性和实用性的具体方法,给予应有的保留。

(四) 吸收国外先进思想与中国国情相结合原则

现代企业的财务管理理论起源于西方的资本主义经济体制,经过不断的发展与完善,形成了市场经济体制下的现代财务管理理论。而我国虽然经过了40多年的改革开放,但现有的市场经济体制尚未成熟,盲目照搬西方资本主义国家的财务管理理论,并不能对我国的企业财务管理实践产生有益的作用。所以在进行财务管理理论创新时,要做到兼收并蓄，发现西方财务管理理论中的精华，结合我国的经济发展实情，建立中国特色社会主义的现代企业财务管理理论。

（五）风险、成本和收益均衡原则

财务主体在财务活动建立和运行过程中，要衡量财务主体风险要素、成本要素以及收益关系等，在增加收益的同时，减少成本的损耗。也就是说，在收益相同的条件下要择优选择方案，选择风险较小且收益较高的项目。

（六）利益关系协调原则

企业是由各种利益集团组成的经济联合体。这些经济利益集团主要包括企业的所有者、经营者、债权人、债务人、国家税务机关、消费者、企业内部各部门和职工等。利益关系协调原则要求企业协调、处理好与各利益集团的关系，切实维护各方的合法权益，将按劳分配、按资分配、按知识和技能分配、按绩分配等多种分配要素有机结合起来。只有这样，企业才能营造一个内外和谐、协调的发展环境，充分调动各有关利益集团的积极性，最终实现企业价值最大化的财务会计管理目标。

第二节 财务会计管理的目标

目标是指导向和标准。没有明确的目标，就无法判断一项决策的优劣。财务管理的目标决定了它所采用的原则、程序和方法。因此，财务管理的目标是建立财务管理体系的逻辑起点。

一、企业财务会计管理目标

公司财务管理的基本目标取决于公司的目标。投资者创立公司的目的是盈利。已经创立起来的企业，虽然有改善职工待遇、改善劳动条件、扩大市场份额、提高产品质量、减少环境污染等多种目标，但盈利是其最基本、最一般、最重要的目标。盈利不但体现了公司的出发点和归宿，而且可以概括其他目标的实现程度，并有助于其他目标的实现。对其最具综合性的计量是财务计量。因此，公司目标也称为公司的财务目标。在下面的论述中，把财务管理目标、财务目标和公司目标作为同义语使用。关于公司目标的表达，主要有以下三种观点。

(一) 企业财务会计管理目标的种类

1. 利润最大化

利润最大化的观点认为,利润代表了企业新创造的财富,利润越多则说明企业的财富增加得越多,越接近企业的目标。利润最大化的观点有其局限性,主要表现在以下几个方面。

(1) 没有考虑利润的取得时间。例如,今年获利 100 万元和明年获利 100 万元,如何判断企业目标的实现结果。在这种情况下若不考虑货币的时间价值,就难以做出正确判断。

(2) 没有考虑所获利润和所投入资本额的关系。例如,同样获得 100 万元利润,一个企业投入资本 500 万元,另一个企业投入 600 万元,若不与投入的资本数额联系起来,就难以做出正确判断。

(3) 没有考虑获取利润和所承担风险的关系。例如,同样投入 500 万元,本年获利 100 万元,一个企业获利已全部转化为现金,另一个企业获利则全部是应收账款,并可能发生坏账损失,在这种情况下,若不考虑风险大小,就难以做出正确判断。

如果投入资本相同、利润取得的时间相同、相关的风险也相同,利润最大化是一个可以接受的观念。事实上,许多经理人员都把提高利润作为公司的短期目标。

2. 企业价值最大化

企业价值最大化是指通过企业财务的合理科学经营、采用最优的财务政策、充分平衡资金与风险和价值之间的关系等,在保证企业持续稳定发展的基础上,使得企业的总价值能够达到最大化。企业价值不仅仅是指企业的账面资产总价值,更是指企业全部财产的市场价值,这其中也体现了企业预期以及潜在的盈利能力。现代企业中经营风险不再是股东一人承担,其中企业员工、债权人、政府都承担了不同程度的风险,所以就现代企业的经营发展而言,其责任也更加重大,在财务管理中要注重各方的经济利益。因此,企业在制定财务管理目标时,要注重企业价值最大化,借助企业财务方面的科学化管理,通过最佳财务政策,并充分考虑风险的价值等,以此来实现企业价值最大化目标。

3. 股东财富最大化

股东财富最大化就是借助合理的经营管理和财务管理,最大可能为企业股东带来更多的财富。我国企业中一般都是股份制企业,各个企业中的股东数量、投资额度、决策权力都不一样，但是企业中的每一个股东都希望能够获得更大的财富。在企业中，股东的财富往往是根据股东所持有的股票数量以及股票市场价格而定的，如果股东持有的股票数量较多，而股票的价格较高，那么股东的财富也会达到最大，股东的持股数量、股票价值、财富之间成正比。所以说，实现股东财富最大化，就需要最大限度提高股票价值。企业中财务管理将股东财富最大化作为一项目标，也可以有效克服企业利润追求中的短期行为。

（二）企业财务会计管理目标优缺点总结

对以上三种财务会计管理目标进行总结，可得出表5-1。

表5-1 企业财务会计管理总体目标一览表

目标	利润最大化	股东财富最大化	企业价值最大化
优点	体现企业经济效益的高低对投资者、债权人、经营者和职工都是有利的 利润指标在实际应用时比较简便	考虑了风险因素 在一定程度上能够克服企业在追求利润上的短期行为 容易量化，便于考核和奖惩	考虑了时间价值和风险因素 兼顾了股东以外其他关系人的利益 克服了企业在追求利润上的短期行为 有利于实现社会资源合理配置
缺点	没有考虑资金的时间价值没能有效地考虑风险问题使企业财务决策带有短期行为的倾向，只考虑当前利润，而不顾企业的长远发展	只适合上市公司，对非上市公司则很难适用 只强调股东的利益，对企业其他关系人的利益重视不够 股票价格可能不能准确体现股东财富	法人股东对股票价值的兴趣不够 实际应用有困难 企业的实际价值无法通过市场价值真正体现
依据	税后利润总额最大化	最大限度地谋求股东或委托人的利益	企业总价值的最大化

二、不同利益主体财务会计管理目标的矛盾与协调

企业从事财务会计管理活动，必然发生企业与各个方面的经济利益关系，在企业财务关系中最为重要的关系是所有者、经营者与债权人之间的关系。企业必须处理、协调好这三者之间的矛盾与利益关系。

(一) 所有者与经营者的矛盾与协调

1. 所有者与经营者的矛盾

由于两者行为目标不同,必然导致经营者和所有者的冲突,即经理个人利益最大化和股东财富最大化之间的矛盾。经理人有可能为了自身的利益而背离股东的利益。这种背离主要有以下两种表现。

(1) 道德风险

经营者为了自己的目标,不是尽最大努力去实现企业的目标。他们没有必要为提高股价而冒险,股价上涨的好处将归于股东,如若失败,他们的"身价"将下跌。他们不做什么错事,只是不十分卖力,以增加自己的闲暇。这样做,不构成法律和行政责任问题,而只是道德问题,股东很难追究他们的责任。

(2) 逆向选择

经营者为了自己的目标而背离股东的目标。例如,装修豪华的办公室、购置高档汽车等;借口工作需要乱花股东的钱;或者蓄意压低股票价格,自己借款买回,导致股东财富受损等。

2. 所有者与经营者协调合作

为了协调所有者与经营者的矛盾,防止经理背离股东目标,一般有以下两种方法。

(1) 监督

经营者背离股东目标的前提条件是双方信息不对称,经营者了解的企业信息比股东多。避免"道德风险"和"逆向选择"的方式是股东获取更多的信息,对经营者进行监督,在经营者背离股东目标时,减少其各种形式的报酬,甚至解雇他们。

全面监督实际上是行不通的,因为股东是分散的或者远离经营者的,得不到充分的信息;经营者比股东有更大的信息优势,比股东更清楚什么是对企业更有利的行动方案;全面监督管理行为的代价是高昂的,很可能超过它所带来的收益。因此,股东支付审计费聘请注册会计师,往往限于审计财务报表,而不是全面审查所有管理行为。股东对情况的了解和对经营者的监督总是必要的,但受到监督成本的限制,不可能事事都监督。监督可以减少经营者违背股东意愿的行为,但不能解决全部问题。

(2) 激励

防止经营者背离股东利益的另一种途径是采用激励计划,使经营者分享企业增加的财富,鼓励他们采取符合股东利益最大化的行动。例如,企业盈利率或股票价格提高后,给经营者以现金、股票期权奖励。支付报酬的方式和数量大小，有多种选择：报酬过低，不足以激励经营者，股东不能获得最大利益；报酬过高，股东付出的激励成本过大，也不能实现自己的最大利益。因此，激励可以减少经营者违背股东意愿的行为，但也不能解决全部问题。

通常，股东同时采取监督和激励两种方式来协调自己和经营者的目标。尽管如此，仍不可能使经营者完全按股东的意愿行动，经营者仍然可能采取一些对自己有利而不符合股东利益最大化的决策，并由此给股东带来一定的损失。监督成本、激励成本和偏离股东目标的损失之间，此消彼长、相互制约。股东要权衡轻重，力求找出能使三项之和最小的解决办法。

（二）所有者与债权人的矛盾与协调

当公司向债权人借入资本后，两者也形成一种委托代理关系。债权人把资本借给企业，要求到期时收回本金，并获得约定的利息收入；公司借款的目的是用于扩大经营，投入有风险的经营项目，两者的利益并不完全一致。

债权人事先知晓借出资本是有风险的，并把这种风险的相应报酬纳入利率。通常要考虑的因素包括：公司现有资产的风险、预计公司新增资产的风险、公司现有的负债比率、公司未来的资本结构等。

但是，借款合同一旦成为事实，资本提供给公司，债权人就失去了控制权，股东可以通过经营者为了自身利益而伤害债权人的利益，可能采取的方式有：

第一，股东不经债权人的同意，投资于比债权人预期风险更高的新项目。如果高风险的计划侥幸成功，超额的利润归股东独享；如果计划不幸失败，公司无力偿债，债权人与股东将共同承担由此造成的损失。尽管按法律规定，债权人先于股东分配破产后的财产，但多数情况下，破产后的财产不足以偿债。所以，对债权人来说，超额利润肯定拿不到，发生损失却有可能要分担。

第二，股东为了提高公司的利润，不征得债权人的同意而指使管理当局发行新债，致使旧债券的价值下降，使旧债权人蒙受损失。旧债券价值下降的原因是发新债后公司负债比率加大，公司破产的可能性增加。如果公司破产，旧债权人和新债权人要共同分配破产后的财产，使旧债券的风险增加，其价值下降。尤其是不能转让的债券或其他借款，债权人不能出售债权摆脱困境，处境更加不利。

债权人为了防止其利益被伤害，除了寻求立法保护，如破产时优先接管、优先于股东分配剩余财产等外，通常采取以下措施：一是在借款合同中加入限制性条款，如规定贷款的用途、规定不得发行新债或限制发行新债的规模等；二是发现公司有损害其债权的意图时，拒绝进一步合作，不再提供新的贷款或提前收回贷款。

除债权人外，与企业经营者有关的各方都与企业有合同关系，都存在着利益冲突和限制条款。企业经营者若侵犯职工、雇员、客户、供应商和所在社区的利益，都将影响企业目标的实现。所以说企业是在一系列限制条件下实现企业价值最大化的。

第三节 财务会计管理的环节

财务会计管理环节是为了实现财务会计管理目标，完成财务会计管理任务，在进行理财活动时所采用的各种技术和手段。财务会计管理共有五个基本环节：财务预测、财务决策、财务计划、财务控制、财务分析。这些环节紧密联系，相互配合，构成了完整的财务会计管理工作体系。

一、财务预测

现代企业的财务会计管理要求企业将从前的事后反映和监督改变为事前预测与决策。财务预测就是在事前对有利因素与不利因素进行合理估计，进而克服企业财务活动的盲目性，为未来发展明确方向。财务预测属于企业对财务会计管理工作进行的事前预测范畴。

（一）财务预测的含义

财务预测是根据财务活动的历史资料，考虑现实的要求和条件，对未来的财务活动和财务成果做出科学的预计和测算。财务预测的目的是，测算企业投资、筹资各项方案的经济效益，为财务决策提供依据，预计财务收支的发展变化情况，为编制财务计划服务。

财务预测按预测对象分为投资预测和筹资预测；按预测时期可分为长期预测和短期预测；按预测值多寡分为单项预测和多项预测。财务预测的常用方法主要有时间序列预测法、相关因素预测法、概率分析预测法。

（二）财务预测的流程

预测的工作过程一般包括如下几个方面，如表 5-2 所示。

表 5-2 财务预测的工作流程

工作项目	工作过程	操作要求
财务预测	明确预测的对象和目的	根据企业管理决策的需求来确定
	搜集和整理有关信息资料	对国内外经济市场环境、本企业资料、同行业资料等进行加工处理
	选用特定的预测方法进行预测	采用定性、定量等预测方法进行预测，并得出预测结果

（三）财务预测的方法

近年来，由于预测越来越受到重视，预测方法的发展也很快。显然，在预测时应根据具体情况有选择地利用这些方法。现将财务会计管理中常用的预测方法概述如下。

1. 定性预测法

定性预测法主要是利用直观材料，依靠个人经验的主观判断和综合分析能力，对事物未来的状况和趋势做出预测的一种方法。

2. 定量预测法

定量预测法是根据变量之间存在的数量关系（如时间关系、因果关系）建立数学模型来进行预测的方法。

二、财务决策

在用特定方法进行了科学的预测之后，就要进行财务决策，也就是对财务预测的方案进行过滤筛选，最终确定最优的方案。

（一）财务决策的概念和步骤

财务决策是对财务方案进行比较选择，并做出决定。财务决策的目的在于确定合理可行的财务方案。在现实中，财务方案有投资方案，有筹资方案，还有包含投资和筹资的综合方案。

财务决策需要有财务决策的基础和前提，是对财务预测结果的分析与选择，财务决策是多标准的综合决策，可能既有货币化、可计量的经济标准，又有非货币化、不可计量的非经济标准,因此决策方案往往是多种因素综合平衡的结果。

财务决策一般包括如下一些流程,如表5-3所示。

表5-3 财务决策的工作流程

工作项目	工作流程	工作内容
财务决策	拟定决策目标	根据财务预测的信息提出问题、收集资料,为决策做准备
	确定备选方案	分析各备选方案的利弊,研究方案的可行性
	分析、评价、对比各种方案	结合各种因素综合分析、评价、对比各方案的可行性
	拟定择优标准,选择最优方案	确定评价标准,从中选出最优方案

(二)财务决策的方法

财务决策的方法主要有两类:一类是经验判断法,是根据决策者的经验来判断选择,常用的方法有淘汰法、排队法、归类法等;另一类是定量分析方法,常用的方法有优选对比法、数学微分法、线性规划法、损益决策法等。

三、财务计划

在做出科学的财务决策之后,企业必须对已经选择的决策方案进行细致全面的计划,以便能更好地实现企业目标。

(一)财务计划的概念

财务计划是在一定的计划期内以货币形式反映生产经营活动所需要的资金及其来源、财务收入和支出、财务成果及其分配的计划。财务计划是以财务决策确立的方案和财务预测提供的信息为基础来编制的,是财务预测和财务决策的具体化,是控制财务活动的依据。

(二)财务计划的流程

财务计划的编制过程,实际上就是确定计划指标,并对其进行平衡的过程。一般包括如下一些流程,如表5-4所示。

表 5-4　财务计划的工作流程

工作项目	工作流程	具体操作
财务计划	分析主、客观条件，全面安排计划指标	根据国家宏观产业政策、企业自身生产经营计划、企业生产能力等，综合分析相关因素，科学确定相关指标
	安排生产要素，实现综合平衡	对企业的人力、物力、财力进行科学的安排，制定和修订各项定额，组织资金的综合平衡，保证计划指标的落实
	调整各种指标，编制计划表格	以平均现金的定额为基础，确定计划指标，编制财务计划表，并检查各项指标之间是否平衡协调

四、财务控制

企业制订的财务计划想要得以顺利执行，就要依靠财务控制。财务控制是财务会计管理基础性和经常性的工作，是实现财务计划、执行财务制度的基本手段。

（一）财务控制的概念和流程

财务控制是指在财务会计管理过程中，利用有关信息和特定手段，对企业的财务活动施加影响或调节，以便实现计划所规定的财务目标。

财务控制是财务计划的具体实施阶段，具体流程如表 5-5 所示。

表 5-5　财务控制的工作流程

工作项目	工作流程	具体操作
财务控制	确定控制目标	以财务计划为依据，确定总体控制目标，按照责、权、利相结合的原则分解总体控制目标
	确定控制标准	将总体可控目标层层分解到责任单位和个人，如材料控制标准一般要制定材料采购单价、材料定额等
	执行控制标准	财务运行过程中的适时控制，符合标准的予以支持，反之加以限制，将财务活动控制在计划范围内
	确定执行差异	及时掌握财务信息系统反馈来的财务活动实际运行情况，对照控制标准，及时确定差异的性质和程度
	消除执行差异	分析偏差产生的原因及其责任归属，并且采取有效措施消除差异，保证财务计划的完成

(二）财务控制的方法

财务控制的方法有很多，下面介绍最常见的几种：第一，防护性控制，又称排除干扰控制，是指在财务活动发生前，就制定一系列制度和规定，把可能产生的差异予以排除的一种控制方法。第二，前馈性控制，又称补偿干扰控制，是指通过对实际财务系统运行的监视，运用科学的方法预测可能出现的偏差，采取一定措施，使差异得以消除的一种控制方法。第三，反馈控制，又称平衡偏差控制，是在认真分析的基础上，发现实际与计划之间的差异，确定差异产生的原因，采取切实有效的措施，调整实际财务活动或财务计划，使差异得以消除或避免今后出现类似差异的一种控制方法。

五、财务分析

（一）财务分析的概念与流程

财务分析是以财务报表资料及其他相关资料为依据，采用一系列专门的分析技术和方法，对企业过去有关筹资活动、投资活动、经营活动、分配活动进行分析。财务分析的目的是为企业及其利益相关者了解企业过去、评价企业现状、预测企业未来做出正确决策提供准确的信息或依据。财务分析的一般流程如表5-6所示。

表5-6 财务分析的工作流程

工作项目	工作流程	具体操作
财务分析	确立题目，明确目标	根据企业生产经营中出现的问题确定分析题目，找到明确的财务分析目标
	收集资料，掌握情况	充分收集各种财务信息资料，以便了解掌握真实的情况
	运用方法，揭示问题	运用各种分析方法对目标题目进行分析，找到关键性问题
	提出措施，改进工作	根据存在的问题，提出明确具体的改进措施

（二）财务分析的方法

财务分析的方法有许多，现说明常用的分析方法。

1. 对比分析法

对比分析法是通过把有关指标进行对比来分析企业财务情况的一种方法。

2. 比率分析法

比率分析法是把有关指标进行对比，用比率来反映它们之间的财务关系，以揭示企业财务状况的一种分析方法。其中最主要的比率有：相关指标比率、构成比率、动态比率。比率分析是财务分析的一种重要方法。通过各种比率的计算和对比，基本上能反映出一个企业的偿债能力、盈利能力、资金周转状况和盈余分配情况，该方法具有简明扼要、通俗易懂的特点，很受各种分析人员的欢迎。

3. 综合分析法

综合分析法是把有关财务指标和影响企业财务状况的各种因素都有序地排列在一起，综合地分析企业财务状况和经营成果的一种方法。在进行综合分析时，可采用财务比率综合分析法、因素综合分析法和杜邦体系分析法等。

综合分析法是一种重要的分析方法，它对全面、系统、综合地评价企业财务状况具有十分重要的意义。但综合分析法一般都比较复杂，所需资料很多，工作量比较大。

第四节　财务会计管理的环境

财务会计管理环境是指对企业财务活动和财务会计管理产生影响作用的企业内外部的各种条件。通过环境分析，提高企业财务行为对环境的适应能力、应变能力和利用能力，以便更好地实现企业财务会计管理目标。

企业财务会计管理环境按其存在的空间，可分为内部财务环境和外部财务环境。内部财务环境是指企业的内部条件，主要内容包括企业资本实力、生产技术条件、经营管理水平和决策者的素质等方面。企业外部财务环境是指企业的外部条件、因素和状况，包括政治环境、经济环境、法律环境和金融市场环境等因素。由于内部财务环境存在于企业内部，是企业可以从总体上采取一定措施加以控制和改变的因素。而外部财务环境存在于企业外部，它们对企业财务行为的影响无论是有形的硬环境，还是无形的软环境，企业都难以改变和控制，更多的是适应和因势利导。因此下面我们主要介绍企业财务会计管理的外部环境。

一、政治环境

政治环境，是指国家在一定时期内的各项路线、方针、政策和整个社会的政治观念。在一切的社会环境中，政治环境起着基础性的决定作用，它决定着国家在特定时期内的经济、法律、科技、教育等各方面的目标导向和发展水平，因此直接或间接地约束着企业的财务会计管理工作。企业的政治环境主要包括社会安定程度、政府制定的各种经济政策的稳定性及政府机构的管理水平、办事效率等。我国的企业特别是国有企业的财务活动必须符合国家的统一发展规划，接受国家的宏观监督和调节，符合国家的产业政策和发展方向，承担必要的社会责任。

二、经济环境

在影响财务会计管理的各种外部环境中，经济环境是最为重要的外部环境之一。经济环境是指企业进行财务活动的宏观经济状况。企业的理财活动必须融于宏观经济运行中，宏观经济环境是一个十分宽泛的概念，大的方面包括世界经济环境、洲际经济环境、国家或地区的经济环境；小的方面包括行业经济环境、产品的市场经济环境等。无论是哪一方面，对其做出正确的分析、评估是企业采取适应性财务行为，规避风险的基本条件。

（一）经济体制

在计划经济体制下，国家统筹企业资本、统一投资、统负盈亏，企业利润统一上缴、亏损全部由国家补贴，企业虽然是一个独立的核算单位但无独立的理财权利。财务会计管理活动的内容比较单一，财务会计管理方法比较简单。在市场经济体制下，企业成为"自主经营、自负盈亏"的经济实体，有独立的经营权，同时也有独立的理财权。企业可以从其自身需要出发，合理确定资本需要量，然后到市场上筹集资本，再把筹集到的资本投放到高效益的项目上获取更大的收益，最后将收益根据需要和可能进行分配，保证企业财务活动自始至终根据自身条件和外部环境做出各种财务会计管理决策并组织实施。因此，财务会计管理活动的内容比较丰富，方法也复杂多样。

（二）经济周期

市场经济条件下，经济发展与运行带有一定的波动性。大体上经历复苏、繁荣、衰退和萧条几个阶段的循环，这种循环叫作经济周期。

在不同的经济周期，企业应采用不同的财务会计管理战略。西方财务学者探讨了经济周期中的财务会计管理战略，现择其要点归纳如表5-7所示。

表 5-7　经济周期中的财务会计管理战略

复苏	繁荣	衰退	萧条
1. 增加厂房设备	1. 扩充厂房设备	1. 停止扩张	1. 建立投资标准
2. 实行长期租赁	2. 继续建立存货	2. 出售多余设备	2. 保持市场份额
3. 建立存货	3. 提高产品价格	3. 停产不利产品	3. 压缩管理费用
4. 开发新产品	4. 开展营销规划	4. 停止长期采购	4. 放弃次要利益
5. 增加劳动力	5. 增加劳动力	5. 削减存货	5. 削减存货
		6. 停止扩招雇员	6. 裁减雇员

（三）经济发展状况

经济发展状况是指宏观经济的短期运行特征，包括经济发展速度、经济发展水平、经济发展阶段三个方面，它们对财务会计管理有着重要影响。

（1）经济发展速度的快慢、国民经济的繁荣与衰退会影响企业的销售额。销售额增加会引起企业的存货枯竭，需要筹集资金扩大生产规模；而销售额减少会阻碍现金的流转，使企业产品积压，须筹资来维持企业的经营。

（2）经济发展水平的变化体现为国家统计部门定期公布经济发展状况的各种经济指标，如经济增长速度、失业率、物价指数、进出口贸易额增长率、税收收入以及各个行业的经济发展状况指标等。对各种经济发展状况指标的跟踪观察有利于企业正确把握宏观经济运行的态势，及时调整财务会计管理策略。

（3）任何国家的经济发展都不可能呈长期的快速增长之势，而总是表现为"波浪式前进，螺旋式上升"的状态。当经济发展处于繁荣时期，经济发展速度较快，市场需求旺盛，销售额大幅度上升。企业为了扩大生产，需要增加投资，与此相适应则须筹集大量的资金以满足投资扩张的需要。当经济发展处于衰退时期，经济发展速度缓慢，甚至出现负增长，企业的产量和销售量下降，投资锐减，资金时而紧缺、时而闲置，财务运作出现较大困难。

（四）宏观经济政策

政府具有对宏观经济发展进行调控的职能。在一定时期，政府为了协调经济发展，往往通过计划、财税、金融等手段对国民经济总运行机制及子系统提出一些具体的政策措施。宏观调控政策是政府对宏观经济进行干预的重要手段，主要包括产业政策、金融政策和财政政策等。政府通过宏观经济政策的调整引导微观财务主体的经济行为，达到调控宏观经济的目的。

货币政策是政府对国民经济进行宏观调控的重要手段之一。在市场经济条件下，货币政策直接影响到经济结构、经济发展速度、企业效益、公众收入、市场利率和市场运行等各个方面。一般来说，紧缩的货币政策会减少市场的货币供给量，从而造成企业资金紧张，使企业的经济效益下降，这样就会增加企业的风险。同时公众的收入也会下降，购买力随之下降。反之，宽松的货币政策能增加市场的货币供给量，增加企业的经济效益，降低企业的风险。

财政政策同货币政策一样是政府进行宏观调控的重要手段。财政政策可以通过增减政府收支规模和税率等手段来调节经济发展的速度。当政府通过降低税率、增加财政支出刺激经济发展时，企业的利润就会上升，社会就业增加，公众收入也增加；反之亦然。

我国经济体制改革的目标是建立社会主义市场经济体制，以进一步解放和发展生产力。在这个目标的指导下，我国已经并正在进行财税体制、金融体制、外汇体制、外贸体制、计划体制、价格体制、投资体制、社会保障制度等各项改革。所有这些改革措施，深刻地影响着我国的经济生活，也深刻地影响着我国企业的发展和财务活动的运行。如金融政策中的货币发行量、信贷规模会影响企业投资的资金来源和投资的预期收益；财税政策会影响企业的资金结构和投资项目的选择等；价格政策会影响资金的投向和投资的回收期及预期收益；会计制度的改革会影响会计要素的确认和计量，进而对企业财务活动的事前预测、决策及事后的评价产生影响等。

这些宏观经济调控政策对企业财务会计管理的影响是直接的，企业必须按国家政策办事，否则将寸步难行。所以，作为微观的市场竞争主体，企业必须关注宏观经济政策的取向及其对企业经济行为的影响，并根据宏观经济政策的变化及时调整自身的行为，以规避政策性风险对企业财务运行的影响。

（五）通货膨胀水平

一般认为，在产品和服务质量没有明显改善的情况下，价格的持续提高就是通货膨胀，表现为物价持续上升到一定程度而引发的货币贬值，购买力下降。通货膨胀犹如一个影子，始终伴随着现代经济的发展。通货膨胀不仅对消费者不利，对企业财务活动的影响更为严重。

通货膨胀对企业财务活动的影响是多方面的，主要表现在：第一，引起资金占用的大量增加，从而增加企业的资金需求；第二，引起企业利润虚增，造成企业资金由于利润分配而流失；第三，引起利润上升，加大企业的权益资金成本；第四，引起有价证券价格下降，增加企业的筹资难度；第五，引起资金供应紧张，增加企业的筹资难度。

为了减轻通货膨胀对企业造成的不利影响，企业应当采取措施予以防范。在通货膨胀初期，货币面临着贬值的风险，这时企业进行投资可以避免风险，实现资本保值；与客户应签订长期购货合同，以减少物价上涨造成的损失；取得长期负债，保持资本成本的稳定。在通货膨胀持续期，企业可以采用比较严格的信用条件，减少企业债权；调整财务政策，防止和减少企业资本流失等。

三、金融环境

金融环境是指资金供应者和资金需求者通过某种形式进行交易而融通资金的市场环境。金融市场为资金供应者和资金需求者提供了各种金融工具和选择机会，使融资双方能自由灵活地调度资金。当企业需要资金时，可以在金融市场上选择合适的筹资方式筹集；当企业有暂时闲置资金时，又可以在金融市场上选择合适的投资方式进行投资，从而提高资金的使用效率。同时，在金融市场交易中形成的各种参数，如市场利率、汇率、证券价格和证券指数等，为企业进行财务决策提供了有用的信息。

（一）金融机构、金融工具与金融市场

金融机构主要是指银行和非银行金融机构。银行是指经营存款、放款、汇兑、储蓄等金融业务，承担信用中介的金融机构，包括各种商业银行和政策性银行，如中国工商银行、中国农业银行、中国银行、中国建设银行、国家开发银行、中国农业发展银行等。非银行金融机构主要包括保险公司、信托投资公司、证券公司、财务公司、金融资产管理公司、金融租赁公司等。

金融工具是指融通资金双方在金融市场上进行资金交易、转让的工具，借助金融工具，资金从供给方转移到需求方。金融工具分为基本金融工具和衍生金融工具两大类。常见的基本金融工具有货币、票据、债券、股票等。衍生金融工具又称派生金融工具，是在基本金融工具的基础上通过特定技术设计形成的新的融资工具，如各种远期合约、互换、掉期、资产支持证券等，种类非常复杂、繁多，具有高风险、高杠杆效应的特点。

金融市场是指资金供应者和资金需求者双方通过一定的金融工具进行交易而融通资金的场所。金融市场的构成要素包括资金供应者和资金需求者、金融工具、交易价格、组织方式等。金融市场为企业融资和投资提供了场所，可以帮助企业实现长短期资金转换、引

导资本流向和流量，提高资本效率。

（二）金融市场的分类

金融市场是资金筹集的场所，是企业向社会筹集资金必不可少的条件。广义的金融市场，是指一切资本流动（包括实物资本和货币资本）的场所，其交易对象为：货币借贷、票据承兑和贴现、有价证券的买卖、黄金和外汇买卖、办理国内外保险、生产资料的产权交换等。狭义的金融市场一般是指有价证券市场，即股票和债券的发行和买卖市场。企业总是需要资金从事投资和经营活动，而资金的取得，除了自有资金外，主要从金融机构和金融市场取得。金融政策的变化必然影响企业的筹资、投资和资金运营活动。所以，金融环境是企业最主要的环境因素之一。金融市场可以按照不同的标准进行分类。

1. 货币市场和资本市场

以期限为标准，金融市场可分为货币市场和资本市场。货币市场又称短期金融市场，是指以期限在1年以内的金融工具为媒介，进行短期资金融通的市场，包括同业拆借市场、票据市场、大额定期存单市场和短期债券市场；资本市场又称长期金融市场，是指以期限在1年以上的金融工具为媒介，进行长期资金交易活动的市场，包括股票市场和债券市场。

2. 发行市场和流通市场

以功能为标准，金融市场可分为发行市场和流通市场。发行市场是指从事新证券和票据等金融工具买卖的转让市场，也叫初级市场或一级市场；流通市场是指从事已上市的旧证券或票据等金融工具买卖的转让市场，也叫次级市场或二级市场。

3. 资本市场、外汇市场和黄金市场

以融资对象为标准，金融市场可分为资本市场、外汇市场和黄金市场。资本市场以货币和资本为交易对象；外汇市场以各种外汇金融工具为交易对象；黄金市场则是集中进行黄金买卖和金币兑换的交易市场。

4. 基础性金融市场和金融衍生品市场

按所交易金融工具的属性，金融市场可分为基础性金融市场与金融衍生品市场。基础性金融市场是指以基础性金融产品为交易对象的金融市场，如商业票据、企业债券、企业股票的交易市场；金融衍生品交易市场是指以金融衍生品为交易对象的金融市场，如远期、期货、掉期（交换）、期权，以及具有远期、期货、掉期（交换）、期权中一种或多种特征的结构化金融工具的交易市场。

5. 地方性金融市场、全国性金融市场和国际性金融市场

以地理范围为标准，金融市场可分为地方性金融市场、全国性金融市场和国际性金融市场。

（三）货币市场

货币市场的主要功能是调节短期资金融通。其主要特点是：

（1）期限短。一般为3~6个月，最长不超过1年。

（2）交易目的是解决短期资金周转。它的资金来源主要是资金所有者暂时闲置的资金，融通资金的用途一般是弥补短期资金的不足。

（3）金融工具有较强的"货币性"，具有流动性强、价格平稳、风险较小等特性。

货币市场主要有拆借市场、票据市场、大额定期存单市场和短期债券市场等。拆借市场是指银行（包括非银行金融机构）同业之间短期性资本的借贷活动。这种交易一般没有固定的场所，主要通过电信手段成交，期限按日计算，一般不超过1个月。票据市场包括票据承兑市场和票据贴现市场。票据承兑市场是票据流通转让的基础；票据贴现市场是对未到期票据进行贴现，为客户提供短期资本融通，包括贴现、再贴现和转贴现。大额定期存单市场是一种买卖银行发行的可转让大额定期存单的市场。短期债券市场主要买卖1年期以内的短期企业债券和政府债券，尤其是政府的国库券交易。短期债券的转让可以通过贴现或买卖的方式进行。短期债券以其信誉好、期限短、利率优惠等优点，成为货币市场中的重要金融工具之一。

（四）资本市场

资本市场的主要功能是实现长期资本融通。其主要特点是：

（1）融资期限长，至少1年，最长可达10年甚至10年以上。

（2）融资目的是解决长期投资性资本的需要，用于补充长期资本，扩大生产能力。

（3）资本借贷量大。

（4）收益较高，但风险也较大。资本市场主要包括债券市场、股票市场和融资租赁市场等。

债券市场和股票市场由证券（债券和股票）发行和证券流通构成。有价证券的发行是一项复杂的金融活动，一般要经过以下几个重要环节：证券种类的选择；偿还期限的确

定；发售方式的选择。在证券流通中，参与者除了买卖双方外，中介也非常活跃。这些中介主要有证券经纪人、证券商，他们在流通市场中起着不同的作用。

融资租赁市场是通过资产租赁实现长期资金融通的市场，它具有融资与融物相结合的特点，融资期限一般与资产租赁期限一致。

四、技术环境

财务会计管理的技术环境，是指财务会计管理得以实现的技术手段和技术条件，它决定着财务会计管理的效率和效果。我国进行财务会计管理所依据的会计信息是通过会计系统所提供的，占企业经济信息总量的大多数。在企业内部，会计信息主要是提供给管理层决策使用，而在企业外部，会计信息则主要是为企业的投资者、债权人等提供服务。在互联网技术下财务会计的改革路径如下：

（一）完善经营管理模式

为了适应"互联网+"的时代发展形势，企业应当大力完善自身经营管理模式，这样才能为财务会计工作的创新改革创造有利的条件。第一，更新管理理念。随着互联网技术的广泛兴起，企业也要积极转变经营理念和思路。财务管理是企业最为核心的业务，该项业务不能仅以财务核算所得出的财务数据信息来作为唯一的来源和依据，而是还要实现对企业信息的全面细致掌握。要对资金管理、预算管理、成本控制、内部控制以及企业战略规划等工作进行统筹管理，树立"一盘棋"的经营发展理念。这样一来，便会有利推动企业的财务管理工作从静态化向动态化的方向发展，做到对财务管理各项工作开展情况的全面实施掌握，从而为企业的经营管理决策提供更加精确、可靠的财务信息支持。所以，在"互联网+"时代，企业要及时地了解掌握各种先进适用的网络信息技术，秉承先进的经营管理理念，在有了先进技术和理念的指导下，来对企业的经营资源进行优化配置，让企业的资源得到充分高效的应用，这样才有利于企业利益最大化目标的顺利实现。第二，改进企业管理模式。首先，企业应当对自身的管理组织结构进行科学合理的调整。在互联网环境下，企业下属的分公司不用再进行财务信息的层层核算与上报，可以运用互联网技术来实现信息的实时共享。因此，企业可以结合具体的环境，来构建扁平化的管理组织结构，这样才能为企业信息化水平的提升提供合理的组织保障。其次，企业要创新优化业务管理流程。构建一套严密完善的业务处理流程，进而有效促进会计业务流程实现有效地创新和优化，从而为财务管理一体化、精细化目标的实现创造有力的支持条件。互联网技术的广泛深入应用，充分带动了办公自动化和管理软件开发等产业的快速发展。基于该情况，企业可以尝试对物流、信息流、资金流等相关资源进行优化整合，然后再依靠相关网络技术功能，来全面、细致、及时地掌握财务信息。为了实现该目标，企业应当在无现金报账、网上缴费、网上结算等软件服务功能的开发和应用方面下功夫，逐渐构建符合企业自身发展的新型财务管理模式。

（二）财务会计信息安全性提升

企业要想充分保证会计信息的安全，关键是要选择正确的防病毒软件，设立严密的防火墙系统，规范合理地设置相关信息，这样才能有效提升会计信息安全防范能力。与此同时，要加强对网络设施的安全管理，定期对网络设施的安全性进行认真的检查，采取多种有效措施来加强会计信息的安全管理与防范，及时堵塞网络漏洞，增强系统防病毒、防黑客侵袭的能力，并且要及时做好系统软件的更新维护，依靠强大的技术来确保企业会计信息的安全万无一失。

（三）新财务会计管理系统

在互联网时代的今天，安全先进的财务会计管理系统是推动企业财务管理和经营管理水平的有效工具。相关会计业务在平台上完成操作处理，可以极大地提高财务会计工作的权威性和严肃性，进而增强财务管理工作在企业中的影响力。因此，企业应当加大在财务会计管理系统建设方面的投入力度，从自身实际出发，引入稳定适用的网络信息技术，确保管理系统的安全稳定运行。随着网络经济时代的到来，企业财务管理工作也出现了新情况、新问题，这既需要企业更加重视信息安全管理工作，配备最为先进、最为安全的软硬件，并且还要建立一套严密合理的安全管理工作机制，防止病毒、木马、黑客对系统实施的攻击，有效维护企业的利益不受损害。另外，企业应当使用正版的信息管理软件，并且做好系统软件的及时升级和维护，定期要组织员工开展软件系统操作知识技能的培训，确保系统各项功能和数据得到规范正确的应用，这样才能充分地发挥信息数据的价值。

（四）财务管理信息系统的决策支持

为了确保财务管理信息系统对企业的经营发展决策提供强有力的支持，关键要充分保证财务会计信息真实性和准确性。

因此，企业要加强财务会计信息的监管力度，对企业所有的设计财务交易活动进行实施的监督与掌握，并且还要通过规章制度的完善，来有效治理财务会计管理工作中存在着各类问题。

与此同时，应当充分挖掘企业信息数据的价值，通过一流的信息质量来创造一流的效益。另外，企业还要大力加强对财务管理人员的法律制度教育，不断提升财务会计人员的法律意识和职业道德修养，切实按照法律和制度的相关规定，来进行财务会计信息的规范处理，从而充分保证财务会计信息的真实性和准确性，这样一来，才能为企业的决策水平的提升提供准确可靠的信息服务。

五、法律环境

财务会计管理的法律环境是指企业和外部发生经济关系时所应遵守的各种法律、法规和规章。市场经济是一种法治经济，企业的一切经济活动总是在一定法律规范范围内进行的。一方面，法律提出了企业从事一切经济业务所必须遵守的规范，从而对企业的经济行为进行约束；另一方面，法律也为企业合法从事各项经济活动提供了保护。涉及企业财务活动的法律很多，主要有《中华人民共和国公司法》《中华人民共和国税法》《中华人民共和国会计法》等，如果进行境外投资还将面临不同国家和地区的法律。由于不同时期、不同国家的法律存在差别，因此企业设立、经营和清算过程中财务会计管理业务的要求和繁简程度也不一样。

（一）法律环境的范畴

国家相关法律法规按照对财务会计管理内容的影响情况可以分为如下几类。

1. 企业组织法律规范

企业是市场经济的主体，是市场体系形成和发展的关键所在，企业组织必须依法成立。组建不同的企业，要依照不同的法律规范。它们包括《中华人民共和国公司法》（以下简称《公司法》）、《中华人民共和国全民所有制工业企业法》《中华人民共和国外资企业法》《中华人民共和国中外合资经营企业法》《中华人民共和国中外合作经营企业法》《中华人民共和国个人独资企业法》《中华人民共和国合伙企业法》等。这些法律规范既是企业的组织法，又是企业的行为法。

2. 税收法律规范

税收法律规范是规定企业纳税义务和责任的法律规范。税收不仅可以调节社会供求和经济结构、维护国家主权和市场经济秩序，还可以起到保护企业经济实体地位、促进公平竞争、改善经营管理和提高经济效益的微观作用。自改革开放以来，我国税收制度进行了一系列的改革，但不可改变的是任何企业都有法定的纳税义务。有关税收的立法分为三类：所得税的法规、流转税的法规、其他地方税的法规。税负是企业的一种费用，会增加企业的现金流出，对企业理财有重要影响。企业无不希望在不违反税法的前提下减少税务负担。税负的减少，只能靠精心安排和筹划投资、筹资和利润分配等财务决策，而不允许在纳税行为已经发生时偷税、漏税。精通税法，对财务主管人员具有重要的意义。

3. 财务法律规范

财务法律规范主要是《企业财务通则》及有关财务制度。分为三个层次：第一层是《企业财务通则》，明确了财务会计管理的界限、投资者与经营者的游戏规则、财务制度的内涵和范围；第二层是具体财务规范，是关于具体财务行为与财政资金相关的操作性规定；第三层是企业财务会计管理指导意见，属服务性公共产品，引导企业形成共同的财务理念。

《企业财务通则》是为了加强企业财务会计管理、规范企业财务行为、保护企业及其利益相关方的合法权益而制定的，是企业财务会计管理的基本准则，是各类企业进行财务活动、实施财务会计管理的基本规范。《企业财务通则》明确其适用于在中华人民共和国境内依法设立的具备法人资格的国有及国有控股企业。由于金融企业在资产管理、财务运行、财务风险控制、财政监管等方面具有一定的特殊性，财政部专门发布了《金融企业财务规则》，该规则适用于在我国境内依法设立的金融企业，该规则的制定有助于加强金融企业财务会计管理，规范金融企业财务行为，促进金融企业法人治理结构的建立和完善，防范金融企业财务风险，保护金融企业及其相关方合法权益，维护社会经济秩序。

（二）法律环境对企业财务会计管理的影响

法律环境对企业的影响力是多方面的，影响范围包括企业组织形式、公司治理结构、投融资活动、日常经营、收益分配等。《公司法》规定，企业可以采用独资、合伙、公司制等企业组织形式。企业组织形式不同，业主（股东）权利责任、企业投融资、收益分配、纳税、信息披露等不同，公司治理结构也不同。上述不同种类的法律，分别从不同方面约束企业的经济行为，对企业财务会计管理产生影响。

第六章　现代企业思维创新及商业模式

第一节　思维创新及思维创新的激发

一、思维创新的特征

（一）思维创新的系统性

系统是由一系列相互关联的要素组成的，但是系统不是要素的简单相加，而是各要素按照一定的形式组合成的整体，并且具有特定的功能。系统要达到的是"1+1>2"的效果，要素离开整体就会失去作为整体的一部分的一些功能，就好比离开身体的手一样，手作为人身体这一系统的一个必要组成部分，一旦离开人的身体，就不能发挥手的基本功能。当然，系统也离不开要素，一个企业系统如果没有人、财、物等要素的支持就不能正常地运行。

思维创新的系统性就是要求我们避免从门缝里看事物，以偏概全、一叶障目、只见树木不见森林的做法都是违背系统性原理的。在认识某一对象或看待某一问题的时候，首先，要将它看为一个整体，在整体的框架下研究对象的组成部分；然后，将各组成部分回归到整体当中进行分析。因此，我们在对企业进行变革或者创新的时候，应该以整体最优为目标，而不应该牺牲整体的优化来追求局部的最优，这是一种典型的捡芝麻丢西瓜行为。

（二）思维创新的立体性

运用立体性思维就是要从不同的方面来看待事物，不同的方面包括不同的思维指向、不同的逻辑规则、不同的思维角度、不同的评价标准、不同的思维结果等。利用立体性思维来思考某个事物可以把握该事物的不同方面，从而增强了解特定对象的全面性：如在认识某个人的时候，不仅可以从优点和缺点来认识，还可以通过了解这个人的历史和现状来认识他，也可以从这个人周围的人和物来了解他，特别是对于复杂的事物，更需要从多个方面来认识，从而使认识更加全面，因为全面的认识有利于决策的制定、执行以及评价和改进。

利用立体性思维方式来认识某一个或者某些事物时，要注意认识对象的层次性和要素之间的横向联系，同时要把握时间和空间的统一，从不同层次、不同联系、不同的时间和空间来掌握对象的信息。如在认识某个竞争对手的时候，应该放到整个供应链中去认识，认识它的各个组成部分的层次关系、各个部门之间的联系、组织的架构、人员的配备、生产工具的情况，同时还要了解该竞争对手的历史、现状和未来的发展战略等，尽可能多地从不同的方面来增强对它的认识。

立体性思维是一种开放性的思维方式，没有固定的模式，只要求尽可能多地从不同的方面去认识对象，它也是一种流畅、灵活的思维方式，每个人都可以规划自己认识对象的时间、方法、层次等。

（三）思维创新的跳跃性

通俗地说，跳跃性就是一会儿想到这个，一会儿又想到了那个。跳跃是一种非逻辑的变迁，想法由一个事物变迁到完全不相关或者相关性较差的另外的事物上，它跨越了常规的推理程序，是一种非连续性的思维方式。

在人们想问题的时候，往往会受到潜意识的支配，在意识和潜意识的交互作用过程当中，人们的思维会出现跳跃，如在聊国民经济的时候有可能会突然想到竞争对手。跳跃性是思维创新的核心特征，跳跃性思维是创新能力的一个重要的标志。思维跳跃与思维创新一般处于非自觉意识之中，往往处于未被意识到的潜在状态之中。但是，一旦时机成熟，各种各样的新思路、新方法、新见解、新举措便会随之产生，很多重大的思维创新常常就始于这一"跃"，也许是睡觉时的"灵光"一现就"跃"过去了，很多企业家的重大决策也是这一"跃"的结果。因此可以说跳跃性是促进思维创新的高级机制。

二、思维创新的基本方法

人的思维方式有很多种，在创新的过程当中，各种思维方式相互交替地发生作用，以下所讨论的思维方式是被广泛运用且非常重要的，包括发散思维方法、联想思维方法、逻辑思维方法、系统思维方法等。

(一) 发散思维方法

发散思维也称多向思维、辐射思维或扩散思维，是指人们在想问题的过程当中，不拘泥于固有的思考形式、方法和规则，无拘无束地将思路从某一点向四面八方发散开去，从而获得某一问题的多方面的信息以及解决问题的众多方案、办法及建议的思维过程。发散思维并不等于胡思乱想，它一般都有一个主题，这个主题可能是一个有待处理的问题，围绕这个问题而展开思考，从不同的方面来思考问题的成因、性质、影响、涉及的人员或者部门、可能造成的后果以及应该采取的应对措施等。而胡思乱想完全没有思考的重点，整个过程可能就是天马行空，想一些毫无关系的主题，如一会儿想着下班后吃什么，一会儿又幻想着假如有1000万元自己会做什么等。

顾名思义，发散思维最重要和最核心的特点就是发散性，头脑风暴法就是利用发散思维的这一优点来寻找解决某一问题的最佳答案。在人们想问题的时候，发散思维能够帮助人们围绕着某个中心立体式地去认识事物并且寻求解决问题的最佳办法。

按照发散方向的不同，发散思维又可以分为逆向思维和侧向思维。

1. 逆向思维

逆向思维，也称反向思维，就是按照正常思维习惯的相反方向来思考问题，如同叛逆的孩子不按常规行事一样，逆向思维是对传统、惯例、常规和常理的挑战。利用逆向思维思考问题的通常做法是：首先，对别人的观点或者说法全盘否定；然后，进行佐证，若找不到反例，则对这一观点予以接受，对值得商榷的观点则进行辩证。逆向思维对于克服思维定式是非常有帮助的，当利用逆向思维对问题进行思考的时候，往往可以跳出对经验和习惯路径的依赖。

在创新的过程当中，利用逆向思维容易从问题或者观点的反面来获取新的信息，或者找到某个解决方案的漏洞，在这个过程当中，创新的成果就很有可能产生。

2. 侧向思维

侧向思维，也称横向思维，是一种从问题的侧面来思考问题的方法，所采用的策略是改变思维的逻辑顺序，日常生活当中的"拿来主义"和"借鉴学习"就是利用侧向思维方法的例子。侧向思维通常通过三种方式来实现：首先，从侧向移入，即跳出问题对象本身范围的限制，如专业、部门、行业、地域等的限制，把思考问题的空间扩大化，或者从更多的方面来思考问题；其次，侧向转换，即从了解周围的其他事物来达到对目标事物的了解，可以通过认识对象的转换，也可以通过认识手段的转换，侧向转换的关键是如何正确地实现两个转换——目标事物转换为周围的事物以及再从周围的事物转换为目标事物；最后，从侧向移出，即将某个事物（如观点、创意、技术、产品、制度等）从当前的使用领域转移到其他对象上去，如将军用技术转移到民用领域。

发散思维在企业创新中的作用是扩大对认识对象的认识范围，帮助创新主体形成对某事物的立体式认识，打破时空的限制，帮助管理者从多个角度获取解决问题的方法。有时在发散思维的帮助下，一些别出心裁的方案如同"出清水的芙蓉"一样让人耳目一新。

（二）联想思维方法

每一个正常的人都具有联想的思维能力，联想是人的一种本能，它是指由一个事物想到另一个事物的心理过程。联想并不是乱想，所联想到的事物之间是存在一定的关联性的，思维沿着事物之间的关系而进行跳跃，如由销售下滑联想到产品的生产、设计、消费者偏好的改变、竞争对手的变化等，因此，联想是指思维在受到某个事物刺激的情况下跳跃到与之相关联事物上的一个过程。

联想思维具有以下特点：首先是连续性，顾名思义，联想就是由"联"到"想"，人的思维可以由事物 A 联想到事物 B，B 到 C，C 到 D……一直延续下去，在这样的一个联想链中，首尾两事物可能是风马牛不相及的，如由一张照片联想到某个人，由这个人联想到照相时的场景，再由场景联想到某个城市。其次是联想具有形象性。所谓形象性是指所联想的内容表现为存在于人脑中的画面，如某个场景、某个人物等。最后是联想具有概括性，即人们在联想的过程当中不会在细节上停留太久，除非刻意去想该事物的整体面貌，例如，联想到某个人的时候，首先，出现在脑中的是这个人的整体轮廓；然后，才联想到这个人某些细节上的特征，如手上有个伤痕等。

世界上的事物都是相互联系的，这是我们能够进行联想的前提条件。在多次的联想过程当中，对于一些日常性的事情，人们往往会形成某种比较固定的思维模式（有时甚至是思维定式），如每天早上起床之后先洗脸还是先刷牙。

（三）逻辑思维方法

逻辑思维方法，是指按照思维的基本逻辑顺序，把思维对象概念化，由概念构成判断，判断再经过逻辑联系构成推理体系的思维过程。在创新领域，循规蹈矩总是被认为是阻碍创新的做法，逻辑思维也因此在创新领域不被人们重视。实际上，逻辑思维和非逻辑思维（如逆向思维）并不是互不相容的，两者在本质上是统一的。当管理学科还处于科学管理阶段的时候，管理强调的是科学性，当对人性的认识逐渐由经济人走向社会人和复杂人的时候，管理的艺术性在管理实践当中的作用也越来越突出，因此管理既是科学也是艺术。在企业创新的过程当中，逻辑思维和非逻辑思维正体现着管理的这两个方面。逻辑思维强调的是创新的科学性，依靠严谨的思维来指导创新；非逻辑思维则强调创新的艺术性。两者并不矛盾，只有在科学严谨的逻辑思维基础上，非逻辑思维才能在创新上发挥作用，非逻辑思维是逻辑思维的补充和完善。在创新的管理过程当中，只有坚持把逻辑思维和非逻辑思维结合起来，才能真正地将科学性和艺术性统一起来。

逻辑思维方法包含丰富的内容：

1. 归纳推理法

归纳推理是一个由个性到共性的过程，即从多个类似的事物当中归纳出一些同质的东西或者说在这些类似的东西中具有普遍性的东西，如从公司大量员工离职这一类事情当中可能归纳出公司的薪酬水平相比竞争对手处于非常不利的竞争地位这一具有普遍性的结论，即公司的整体薪酬水平处于竞争劣势地位。通过归纳推理出一般性的规律对于管理是非常有帮助的，可以根据归纳出的一般性规律来发现和解决普遍存在的问题。

2. 演绎推理法

演绎推理是归纳推理的逆过程，是指从一般到个别的推理思维方法，当然在从一般到个别的过程当中需要遵循一些基本的规律和规则，特别要注意的是个别事物的特殊性，如可能某个企业整体的薪酬水平不具有竞争性，但是某个职位的薪酬是非常具有竞争力的。演绎的方法在认识未知事物的过程当中非常有用，如管理者可以利用演绎的方法来评价某个创新方案。

3. 类比推理法

类比推理是一个由已知到未知的思维方法，通过对比事物 A（已知）和事物 B（未知），寻找它们之间的相同性以及差异性，从而推断事物具有某些性质或者不具有某些性质。趋势分析方法是类比推理的一个具体运用，管理者可以利用这一方法来了解某一事物的发展趋势。如销售经理可以通过对比过去几个月的销售额来预测下个月的销售额。预测是制订计划的基础，正确的预测能够帮助管理者制订更具有针对性的计划，企业进行创新时就能够尽量避免不确定性带来的风险，增加企业创新成功的概率。

（四）系统思维方法

系统是一个由多种相互联系的要素组成的整体，系统思维方法就是将思维对象视为一个整体来思考和看待的一种思维方式。利用系统思维方法来思考问题需要认真地处理好整体中要素之间、要素与系统之间以及系统与其他系统之间的关系，因为系统是由要素组成的，认识整体需要以认识要素以及要素之间的联系为前提。此外，系统与外界之间也是有联系的，孤立地看待某个系统容易得出错误的结论，如一个企业，显然可以把它当成一个整体，它由多个部门（要素）组成，同时它也和周边的社区、政府、竞争对手、供应商、消费者、银行等系统有着密切的联系。

企业所进行的创新活动是复杂的工程，也可以说是复杂的系统，不论是正式的创新项目还是偶尔的创新成果，都是众多要素经过复杂的相互作用的结果，以某一个偶尔的创新想法为例，其中就包含了过去的经验、激发创新的事物、所学的知识，甚至是当时的气候、人际关系等要素的相互作用。企业正式的创新项目更加复杂，从时间上看，需要跨越比较长的时期，从创新各方的关系上看，创新需要各个部门的相互配合，如营销部门、生产部门、研发部门、公共关系部门、财务部门等，甚至是企业和外部力量的相互配合，某一方出现错误就可能导致整个创新项目的失败。因此，如果不从整体上把握企业创新，过分地追求某一个方面的最优而忽视整体的最优，结果就得不偿失。

当然，系统思维并不意味着忽视系统的要素，认识系统是从认识要素开始的，通过认识要素以及要素之间的联系来认识系统是基本的认识规律。只是我们要在整个系统中来看待各个要素，而不能孤立地看待。

三、思维创新的主要障碍

人的思维模式的形成是一个长期的过程，它是一个非常复杂的系统，可以将人的思维看作是一种心理现象，也可以将其看作是人的大脑特有的一种能力。思维具有路径依赖，当人们经常性地遇到一些相似的事物的时候，大脑就会形成一种思维上的习惯，按照同样的思维方向、次序来思考类似的事物，这种现象称为思维惯性。从消极的一面看，思维惯性导致了因循守旧和墨守成规，特别是对于企业创新，消极作用远大于积极作用，因为它束缚了人的思维广度和深度。

思维定式是思维惯性的高级阶段，是一种强化了的思维惯性，是一种非常固定的思维模式。思维定式通常表现为三种形式：一是针对每一个问题都只有一个答案；二是只有单纯的"是、否"二元思维模式;三是只注重思维的科学性而不注重思维的艺术性,逻辑性在思维中的地位过于突出。从消极的方面来说,思维定式对企业创新的阻碍作用是明显的,在这种思维模式的支配下,企业的员工很难从新的角度来思考问题,解决问题的方式往往是依据以往的成功经验,这使得员工的创造性得不到自由的发挥。

纵使在企业创新领域中思维定式有诸多的"不是",但是它在一些常规性的工作上也有很多的"是",对于一些常规性的工作或者事情,员工不需要什么创新思维,按照一定的程序就可以办好,这使得员工可以便捷、熟练地完成常规性的工作。现在,很多企业制定了一些做事的程序,如真功夫快餐店里制作食物就有规定的程序以及方法,只要按照这样的程序和方法就可以顺利地制作出美味的食物,一线的工作人员就可以将这些程序固定在自己的头脑中,顾客点餐之后就可以通过执行这些程序来快速地为顾客提供服务。在实践当中,既要看到思维定式对企业创新的消极影响,同时也要利用思维惯性的优势来指导员工完成常规性的工作。

思维惯性和思维定式在企业创新中的消极作用构成了企业创新的思维障碍。这里所讲的障碍和医学上所讲的障碍有很大的差别,创新上的思维障碍指的是不利于企业创新的一些思维上的因素,而医学上所指的思维障碍则是指一种疾病。当管理者在思维上有障碍时,即使创新的火花来敲门,管理者大部分时间都"不在家"。由于创造性思维是创新的基础和非常关键的要素,因此,管理者以及员工需要持续不断地扫除不利于创新的思维障碍。

四、克服思维创新障碍的方法和途径

克服思维创新的障碍既要注重对已有心智模式进行探询和反思,又要加强对思维创新原理的学习和训练。一般说来,克服思维创新障碍的途径有两个:一是扩展思维视角;二是不断自我超越。

(一)扩展思维视角

视角,一方面,表现为思维的起始点;另一方面,表现为思考问题的切入方向。创新的思维视角就是创新过程当中思考的起始点和切入方向。

思维在创新过程当中扮演着重要的角色,不对思维进行创新就很容易陷入因循守旧的泥潭,因此,管理者应该在企业内部建设一种崇尚从不同的方向思考问题的氛围,如鼓励员工进行资源的整合创新,当员工有新的想法或者对某一个问题具有不同观点的时候应该鼓励其"说出来",并且将具有实际意义的想法付诸实践以肯定员工的创新性想法。

在思考问题的过程当中,对思维的视角进行创新是非常有必要并且是非常紧急的一项任务,因为它对于问题解决方案的制订以及执行具有独到的好处。例如,在实际的企业管理当中,"存在并不一定是合理的",很多企业的规章制度并不是完美的,总是存在着这样或那样的缺陷或漏洞,只是管理者处于"庐山"之中,不识其"真面目"罢了。因此,管理者应该走出企业来看待企业中的各种问题,以第三方的态度来审视企业及其存在的问题,不能把目光只集中在一点上,要以宽广的视角来思考问题。

扩展思维的视角,就是要对思维的切入点和方向进行拓展,由一点转变为多点,由一个方向转变为多个方向。思维视角的扩展是可以训练的,现实生活当中也有很多训练的方法,最根本的一点就是要避免产生思维定式。以下两种方法是比较常见并且有效的:

1. 转换思考问题的方式

任何一个企业总是存在着各种各样的矛盾,不管旧的问题有没有消失,新的问题都会产生。面对企业的一个个问题,如果以某种思考问题的方式无法获得满意的解决方案,那么可以转换下思维方式,常见的做法就是征询他人的意见或者将问题交与他人去处理。对于一些复杂的问题,可以先将其简化,如将不熟悉的问题转化为熟悉的问题。通过转变思考方式,管理者就能够找到解决问题的新视角、新方法,最终达到"柳暗花明又一村"的效果。

转换思考问题的方式需要改变万事顺着想的思维方式。所谓顺着想,就是按照常理去想问题,如按照事情发生的先后顺序去思考问题。改变万事顺着想的思维方式并不是说顺着想就是有百害而无一利的,顺着想的思维方式在一些常规性的问题面前大多数时候是非常有效的,它不仅可以帮助人们轻松地找到解决问题的方向,帮助人们高效地解决常规问题,而且有利于减少交流的障碍。当顺着想无法解决问题时,就需要从不同的视角去思考问题。对于那些非常规性的问题或者是复杂的问题,顺着想往往不能够获得满意的答案,因为每一个非常规的问题往往处于一种陌生的状态。顺着想可能找不到其根源,真正的解答也就无法获得。

2. 直接问题和间接问题的转化

不论是说话还是做事都不能够太直接。在企业的实际经营过程当中,企业面临的问题有时很难直接解决,或者说直接解决会引发另外的问题,又或者直接解决所耗费的成本太高,这时,可以将直接问题转化为间接问题来解决,可采取迂回战术、退一步的做法、先易后难的行动等。如当一个部门中两个员工出现关系紧张的问题时,若直接地对两个员工进行批评教育没有效果或者矛盾已经到了不可化解的地步时，管理者可以通过调动人员的方式来解决这一问题。

（二）不断自我超越

所谓"自我超越"就是让今天比昨天更好。每个人都有自己的愿景，愿景就是出自人内心最深处、最真挚的愿望，愿景的实现就是个不断地自我超越的过程。

突破思维障碍其实也是一个不断地超越自我的过程，让今天的思维比昨天的更加合理、更加科学以及更加敏锐。自我超越包括多个方面，超越理论、超越现实、超越习惯、超越经验、超越自满等，同时还要进行独立的思考。

近年来，中国推崇素质教育，其目的就是要提升中国人独立思考的能力，在应试教育制度下，学生思考问题的独立性受到了很大程度的扼杀。历史表明，对人类社会具有突出贡献的科学家、各位诺贝尔奖的获得者都具有大胆怀疑和独立思考的高贵品质，也正是这种怀疑、批判和独立思考的品质促使他们取得了举世瞩目的成就。

第二节　企业领导者的思维创新及创新观念的树立

一、企业领导者的思维创新

（一）领导者思维创新的意义

在这里，我们单独将企业领导者的思维创新列出来讲述，是因为企业领导者的思维创新相对而言对于企业发展的意义更加重大。主要表现在：第一，领导者在企业中处于较高位置，其思维会直接作用于企业。在一定程度上，领导者的思维将决定企业的思维，领导者的思维方式还会作用于企业组织的建设、企业文化的培育等。第二，领导者的思维创新很大程度上会影响企业员工对于创新的追求，多数领导者都是员工的榜样，领导者的行为在企业中是一个标杆，领导者的思维是否新颖及其对于创新的认可程度都会直接对员工产生影响。第三，在当今这个快速变化的环境下，领导者只有创新自己的思维，才能更敏锐地把握市场的变化，才不会使企业失去先机。慢人一步，往往就是致命伤。因此，领导者的思维创新影响着企业的生存与发展。

（二）领导者思维创新能力的培育

企业领导者的思维创新对企业而言作用重大，在企业中，重视以及加强领导者思维创新能力的培育是必要且紧迫的。

1. 从培养和使用科学的思维方式开始

思维创新很大程度上受制于自己的思维方式，因此，我们需要培养科学的思维方式。领导者在日常的决策中，要注重使用科学的思维方式进行思考，不要将自己脑中所想立刻就转化为行动或下结论，因为这时得出的想法很大程度上受到了自己惯有思维的影响，没有跳出那个框框。应该学会等一等，从别的角度考虑，想想还有没有另外的可能，这需要领导者从以下几个方面转变努力：

（1）变正向思维为逆向思维

正向思维是一种常规思维方式，即从事情本身出发，就事论事，这往往会受到我们自身认知能力的限制，有先入为主的倾向。而逆向思维教会我们从事情的对立面出发来思考问题，也可以说是换位思考，站在对立的角度来考虑，这样往往能看到开始所不能发现的问题。

（2）变单向思维为多向思维

单向思维是朝着某个特定的方向思考，容易造成钻牛角尖的结果，并深陷其中而无法自拔。多向思维是从多个方向去研究某个问题，可以有多种可能，往往也能够发现更好的解决办法。

（3）变依附性思维为独立性思维

一切听命于上级使得我们容易养成没有自主意识的依附心理和惰性思维习惯，在工作上按部就班，什么都等着上级的指示和安排，自己没有什么想法和主见，就更不用谈创新了。对企业来讲，如果员工们都有这种依附性思维，这将导致上级个人成了整个企业的大脑，成为企业成败的关键，这种将企业的命运全部压在一个人身上的做法是危险的，个人思维总是有限，也总有犯错的时候。因此，注重培养独立性的思考方式尤为重要。

2. 培训和再学习，促进知识的更新和积累

没有知识的更新，思维创新就如无源之水。虽然知识与思维创新没有完全的正相关关系，但是我们要看到，知识的多少有时会决定其创新能力的发挥。很多创新是基于自身的知识才诞生的，我们不能期望小学文化的人能够对改进航天飞机起到作用。同时，知识又是不断更新的，在当今社会，知识更新得尤为迅速，领导者如果不能掌握新的知识，不能

跟上时代的步伐，就谈不上带领企业走得更远，对于企业内部的新思想也不能很好地接受，领导者自身也可能会被淘汰。

因此，对领导者的培训是必要的，这不但能够让领导者保持与时俱进的状态，也对企业内部员工的学习和创造有所推动，使企业能够保持活力。

3. 企业内部环境的再造，创造良好的条件

人们思维的创新会受到所在环境的影响，企业的领导者也不例外。在一个鼓励创新、支持创新的环境中，往往更能够催生出更多的创新性思维。因此，在企业内部培育自由创新的文化以及建立学习型组织，不仅有利于加强领导者的思维创新，对于提升企业员工的创新积极性也有重大的帮助。

4. 建立激励领导者创新的机制

注重什么，你就去激励什么。想要领导者注重创新，就应该采取能够激励其创新的措施。根据需要层次理论，针对每个人的不同需求来采取有针对性的激励措施才会达到最有效的激励效果。企业领导者也有其自身需求，根据领导者的需求制定激励领导者进行创新的制度安排，能够在很大程度上培育领导者的创新思维。

（三）思维创新的误区

1. 单枪匹马，不重视员工的思维创新

有些企业过分夸大或看重领导者的思维创新而不注重企业员工的作用，这是不正确的。一个人的力量总是有限的，我们强调领导者的思维创新对企业的重要作用，但并不否认员工在这过程中的作用，事实上很多创新的思想都来源于员工。在企业中，如果员工都具备创新的思维，他们极有可能会为企业带来众多的创意，在工作中，很可能创造性地改进自己的工作方法，或改善企业的工作流程，在这样的过程中，员工创新性的思维方式转化为可见的企业成果。我们这里要强调的是领导者对于员工思维创新的鼓励和接纳，这样员工思维创新的作用才能更好地发挥出来。

2. 强调创新，而不重执行

企业有时会出现过分强调思维创新而不论其产生的结果是否具有现实价值的现象，或者不重视将思维创新转化为实践的过程，这时的思维创新对企业而言无非就是一场自由的"茶话会"，会上人们可以有很多的想法，但是一旦结束就没有了下文，这样的"茶话会"不会带来实质性的效果。行动胜于一切，最终起作用的是由思维创新而引发的行动。在企

业中，我们要重视将思维创新转化为实际行动，在实践中将思维的结果转化为实际的成果。

3. 重变革过去，轻继承前人

思维创新的另一个误区就是认为创新就是要对"以前"采取彻底否定的做法，这种思想太过于偏执"一切重新"是一种思路，但是我们也要懂得利用前人的思想，站在前人的肩膀上，而不是凡事重新开始，这样才能事半功倍。前人已有的经验是我们的财富，我们需要做的就是在合理取舍的基础上加以利用。

二、企业创新的新观念树立

（一）知识的价值观念

随着由工业经济时代转向知识经济时代，经济活动对知识的依赖性不断增强，知识成为企业更宝贵的资源，也成为财富的代名词，获取知识成为竞争的根本手段以及提升竞争能力的最重要的渠道之一。在财富的创造过程当中，知识在创造财富的各要素中的根本性作用将会越来越明显，而其他的生产要素，如生产资料等都必须通过知识的武装才能体现出其对财富创造的作用。同时，相对工业经济投资收益递减规律而言，对知识的投资遵循收益递增的规律，也就是说知识投资的收益和投入是成正比的。

因此，企业应该加强对知识的投资和积累，树立知识就是力量、知识就是竞争力的观念，把持续的学习当作企业的一项日常工作，不断提高员工和企业的学习能力，提高知识的质量和数量，不断充实自身的知识库。同时，要提高对知识的利用率，挖掘知识的潜在用途，把知识当作创造价值的关键要素。

（二）企业资产无形化观念

在知识和信息爆炸的时代，知识、技术、公共关系、信息、企业文化、能力、供应链关系、形象、员工忠诚度、信誉、品牌、商标等无形资产对企业的作用日渐明显，尤其是对高新技术企业而言，无形资产对企业的贡献比例越来越大，企业资产无形化的趋势也越来越明显并将最终成为一种必然趋势。

在知识经济时代，企业之间在获取竞争优势的过程中对规模和有形资产的依赖性正在减少，企业的竞争力更多的是来自其所拥有的无形资产以及产品中的知识含量。马克思说过劳动创造价值，在知识经济时代应该是知识创造价值。

(三) 人力资本的观念

"以人为本"的管理理念已经越来越被理论界和实业界所认同和接受，它还会向更加深入和具体的方向发展，成为工商管理未来的一大趋势。

在企业的经营管理过程中，管理者越来越强调人这一关键因素，对人的管理逐步由人事管理走向人力资源管理以及人力资源的开发和升级。现代意义上的人力资源管理与传统的人事管理有相当大的区别。首先，在管理的重点上，传统的人事管理将重点放在"事"上，因事管人，而现代意义上的人力资源管理则把管理中心转移到"人"身上，强调"人"与"事"的匹配，所有工作都围绕"人"这一要素来展开。其次，在对人的态度上，传统的人事管理把"人"当作完成任务的工具，只有经济上的需求，现代意义上的人力资源管理则把"人"当作企业的一种稀有并且智能的资源。当"人"和"事"发生冲突的时候，首先考虑的是"人"，同时企业注重人力资源的再升级以及员工的职业生涯管理。再次，传统的人事管理往往把"人"视为一种成本中心，并对这一"成本"进行严格的控制，而现代意义上的人力资源管理则把"人"当成是利润中心，是创造企业利润的关键。

传统的产品生产是建立在"资源集成"基础之上的，企业在当中的职能是将众多的资源投入转化为商品。现代社会的产品生产则是建立在"知识集成"基础之上，企业在当中所执行的职能是将知识转化为产品，其中最重要的原材料是智力资本。

在知识经济社会，劳动是创造价值的最重要的要素，这里的劳动并不是指人的体力劳动，而更多的是指人的脑力劳动，资金、土地等在价值创造中的贡献相对脑力劳动而言正在减弱。智力资本对价值创造的这种突出贡献要求企业不断地积累自身的智力资本，实现智力资本的规模效应。在知识就是财富的知识经济时代，世界财富会因为知识而产生一次大转移，自然资源不再是财富的"代名词"了，智力资本成为财富的真正"代言人"，财富将会从自然资源掌握者的手里向智力资本拥有者手里转移。所以，未来企业要想取得成功就必须转变理念，把竞争的重心转移到智力资本上，提升产品的知识含量，使顾客在消费的过程当中获得更多的"感觉"，因为随着人们生活水平和工资水平的提高，消费者更加注重消费过程当中的"感觉"，而不是仅仅满足生活的基本需求，特别是对于新一代人，他们对消费品的要求也要比先辈们高得多。

(四) 国际化的竞争观念

现代社会是一个开放的社会，信息、资金、人力、技术等跨国界流动越来越频繁和容易,经济全球化向纵深发展,世界经济一体化进程也正在快速发展。经济全球化的发展使得企业对国际市场的依赖性越来越强,同时也使得企业可以在国际市场上进行资源的优化配置。当然,经济全球化是一把双刃剑,它会给企业带来新的竞争对手,当企业在某个国家的某些优势丧失之后,就会考虑转移到另外的国家,这样该国家的相关企业即迎来了新的竞争对手。

经济的全球化要求每一个企业都要树立全球化的经营、竞争和合作理念,"井底之蛙"只会"坐井观天",看到的和得到的只是微不足道的小部分,"夜郎自大"其实只是一种自欺欺人的把戏,在国内"守株待兔"只会落个一穷二白。企业在生产经营乃至国际化的过程当中,不仅要充分地利用国内的资源,而且要有向世界进军的勇气和胆略,利用国际资源更好地武装自己。但是,进行国际化经营面临的风险也是巨大的,政治上的不稳定、经济上的波动、文化上的差异等都可能是致命的。因此,在国际化的浪潮前面,要想成功地冲上浪尖,不仅要有良好的技术,而且要胆大心细,沉着冷静,有时候要静若处子,有时候则要动若脱兔,切忌在进军海外市场过程当中进行跃进。国际化是一个过程,不可能一蹴而就,需要的是时间和耐心。

(五) 可持续发展的观念

"不进则退"的道理大家都懂,企业要想生存下去就必须发展,不进步相对来说就是一种落后,原地踏步的企业会被其他企业赶超并且最终被市场淘汰。任何一个企业都希望能够持续地经营下去,正所谓不想当将军的士兵不是一个好士兵,不想持续发展的企业绝对不是一个好企业。没有可持续发展潜力的企业也得不到资本市场的认可,因为投资者看重的都是企业未来的发展潜力,对企业的投资是建立在未来能够给自身带来收益这一预期基础之上的,如果投资者看不到未来的收获,就不会浪费自己的资源。

任何一个企业的发展都具有阶段性和持续性两个特征,企业作为一个整体要想能够持续地发展,就必须具备各种要素,这些要素包括以下四个方面:首先,要有支持企业持续发展的替代型产品技术,这样的技术能够持续地开发替代产品,并且能够对市场进行拓展,即能够快速地发现需求并且满足需求。其次,要有支持企业持续发展的人力资源。支持企业持续发展的人力资源的一个重要特征是结构合理,机构和人员配置都不臃肿,同时企业的人力资源和知识需要不断地升级和更新。再次,要确定精明能干的后续领导者,后续领导者要能够把握全局,具有统筹兼顾的能力,并且具有足够的知识、合适的个性、优越的领导风格和管理作风等来与企业相匹配。最后,企业文化的支撑作用不可小觑,支撑企业持续发展的企业文化应该具有稳定性和适应性，但这两者往往是矛盾的，稳定的企业文化往往具有惯性，变革和适应新环境的过程当中会遇到诸多的阻碍，灵活性较高的企业文化则在稳定性上比较差，如何平衡两者是一项困难的工作，但无论如何，每一个企业都需要在实际的经营过程中寻找到一个平衡点。

（六）重视企业文化与企业形象的观念

从20世纪80年代开始，人们开始逐渐认识到企业文化的作用，企业文化理论也逐渐成为一种新的理论。由于企业文化的突出作用，大量的学者和企业家对企业文化抱以巨大的期望，企业文化也被人们称为管理科学发展的"第四次革命"。在受到"员工目标和企业目标相脱离"这一管理难题困扰多年之后，许多人都将解决这一难题的答案寄托在企业文化上，因为企业文化最核心的思想就是要以共同的价值观来引领企业的发展。企业文化在理论界和实业界的受关注程度和被重视程度都不断地提升。在探讨企业管理思想的诸多文献和著作当中，企业文化被看作是"21世纪革新企业经营模式的一个非常重要的趋势"。

在形象和文化建设上，企业应该朝以下两个方面努力：第一，价值观（特别是核心价值观）是企业文化的核心，建设企业文化应该抓住这一重点和中心，通过塑造优秀的核心价值观来带动整个企业文化的建设。企业价值观是指企业全体或者大部分员工对"什么对企业是有意义的"和"企业的意义在于哪里"这两个问题的一致看法，它是企业精神文化的核心，企业精神文化又是企业文化的核心，因此企业价值观是企业文化的核心和关键，这是由企业价值观的作用和企业价值观对企业文化其他要素的重大影响而决定的。通过CIS（Corporate Identity System，企业识别系统）建设企业形象时，识别企业的理念的关键就是对价值观的识别。价值观对企业来说就像灵魂对于个人一样，没有价值观的企业就如同"失魂落魄"的人。第二，要想方设法地突出企业的个性。在当今社会，国际化、全球化、全球分工等趋势是必然的，并且这些趋势会进一步向纵深方向发展，国际和国内的竞争因此会变得越来越激烈和残酷。在这种情况下，缺乏特色的企业不能在消费者心中形成良好的印象，扎根国际市场土壤的过程将会困难重重，更不要说枝繁叶茂了。因此，为了生存和发展，企业必须在市场中做到别具风格。

第三节　商业模式创新主导的企业创新

一、新技术的革命背景

所谓新技术革命，是指以信息技术和信息产业为核心的技术和产业的群体性的快速发展，以及这些技术对社会经济发展的深远影响。计算机网络和信息高速公路的建立，使整个世界变成了"地球村"，将人类带入信息社会，而且还推进了经济全球化和知识化的进程。可替代能源、生物技术、纳米技术等新技术的发展，产生了许多新产品与服务，这些新产品与服务采用了新的运营模式与业务模式，又产生了新的行业，对一些传统行业产生了颠覆性的影响。

新技术能获得迅速发展，并能在社会与经济发展中产生广泛而深远的影响，是以这些技术具有巨大的商业价值，能够产生巨大的生产力为前提的。新技术的商业价值是潜在的，直到以某种形式将其商业化以后其商业价值才能体现出来。技术的商业价值，需要通过一定的商业模式来实现。企业在充满技术和市场的不确定性的环境下进行创新活动时，有无数种方法可以把新技术与新市场连接起来，建立商业模式意味着经理们把技术投入的物质范畴与产出的经济范畴联系起来。

人类历史上曾发生三次科技革命：第一次是蒸汽机技术所引起的革命；第二次是电力引起的革命；第三次是新技术引起的革命。每一次科技革命都产生了许多新的商业模式和行业。而第三次科技革命中的信息技术，所产生的社会经济影响是其他技术难以比拟的。

二、新技术下的网络商业模式

信息技术的广泛应用体现为计算机网络和信息高速公路的建立，由此人类进入信息社会。网络使信息的储存、传输与扩散具有极高的效率，表现为网络效应。有人认为，这种网络效应与组成网络的"节点"的平方成正比。网络给信息的获取、人们的交往提供了极大的方便，原来基于地域观念的社区发展成全球"虚拟社区"，天涯若比邻。信息传输的高效率与方便使新的交易方式——"虚拟交易"成为可能。

新商业模式反过来促进了新技术的迅速发展，从而使新技术的发展呈现出新的模式。任何新技术的开发，都需要投入大量的人力与资金。依靠一定渠道获得资金支持开发新技术的传统办法，已不适应当今新技术的迅速发展。新技术的迅速发展与广泛应用，从一开始就离不开商业化。

新技术与新商业模式的结合与互动，成为新技术发展的特点，也造就了新商业模式的特点。

新商业模式的强大示范效应，对许多传统企业产生了极大的冲击与震撼，从而激励企业家与创业者思考在新经济环境下所能催生的新商业模式，激励他们从根本上重新思考企业赚钱的方式，唤起了人们对商业模式的重视。

在互联网商业化的快速发展所导致的创业热潮中，设计一定的商业模式寻找风险投资融资成为一种通常做法。风险投资公司对商业计划所做的评价，主要是对计划书中所提出的商业模式潜在价值的评价。一个商业模式设想一旦引起风险投资家的关注，受到追捧，融资成功，建立网站开业，并上市，就可能出现"一夜暴富"。这是许多创业者的梦想。

人们对新商业模式的追逐也导致了"互联网泡沫"。"泡沫"是伴随互联网创业热潮涌现出来的一种现象，一定程度上有其不可避免性。但"互联网泡沫"似乎是在提醒人们：尽管互联网的发展使不少事情成为可能，但没有盈利的企业注定是无法生存与发展的，只有盈利才是企业商业模式的核心。"泡沫"的出现与破灭也促使人们考虑究竟应该有怎样的商业模式创新。实际上，理论界、企业家以及媒体对商业模式的兴趣，也是由此开始的。

第四节 商业模式及互联网商业模式创新

一、商业模式研究

（一）商业模式的特征

商业模式是企业价值创造活动的主要组成及其相互关系的整体逻辑分析框架。商业模式是一种包含了一系列要素及其关系的概念性工具，用以阐明某个特定实体的商业逻辑。它描述了公司所能为客户提供的价值以及公司的内部结构、合作伙伴网络和关系资本等用以实现（创造、推销和交付）这一价值并产生可持续盈利收入的要素。

商业模式研究的核心是企业价值创造。在互联经济条件下，新需求、新方式等新价值源泉不断出现，企业在考虑如何利用这些新价值源泉时，常常面对并不存在的产业，所以设计价值链、外部供应商、顾客、合作伙伴等成为主要问题。

商业模式的分析对象应当是企业所在的网络，是与企业经营有直接关系的系统，即从企业原材料供应为起点、到消费者完成消费为终点所涉及的所有相关者组成的系统，而不是单独的企业。商业模式是由各个参与者的价值主张所构成的价值网络，各个参与者共同为最终消费者做出贡献，同时在这个过程中满足每个参与者的价值要求，企业所在网络的整体配合协调能力决定了网络整体以及个体的绩效。对供应商、互补产品提供商、渠道商以及消费者等价值活动的分析与再组合，是发现潜在价值源泉、设计各参与者价值主张、优化外部价值网络的重要活动，这就是商业模式创新。

企业的价值创造活动由众多企业以及消费者共同完成这一基本特征，决定了商业模式的分析框架必须包含一系列要素及其关系。这些要素包括价值主张、消费者目标群体、成本结构和收入模型等。

商业模式是一个完整的体系，要求企业必须把自己的生产运营与供应商、配套厂商协同，也就是协调内外部资源共同创造价值，并把价值传递到目标客户。商业模式是一个完整的产品、服务和信息流体系，包括每一个参与者及其起到的作用，以及每一个参与者的潜在利益和相应的收益来源和方式。企业的商业模式体现为一定的内部组织结构及其与外部组织的关联方式，也就是企业在市场中与用户、供应商、其他合作伙伴的关系，尤其是彼此间的物流、信息流和资金流。

完整的体系表现为某些要素具有核心地位。商业模式就其最基本的意义而言，是指做生意的方法，是一个公司赖以生存的模式中能够为企业带来收益的模式；商业模式规定了公司在价值链中的位置，并指导其如何赚钱。企业价值链的框架模型，就是为了把企业的价值创造分解成一系列具有关联性的环节，通过对各环节在企业价值创造中的地位与作用的评价，找出关键环节。这对制定企业的竞争策略具有重要意义。

注重商业模式的整体性还表现为突出商业模式中的关键要素。商业模式概括为客户价值、企业资源和能力与盈利方式三个要素。

如何来划分商业模式的要素与关系，实际上取决于分析者的目的与视角。由于分析者的目的与视角不同，所以人们对商业模式似乎没有统一的定义。尽管有这些不同，仍然可以找到共同点，即它们都反映商业模式中的基本要素。无论对商业模式做何种定义，一定包含着企业的价值主张、目标客户，以及如何把企业的价值主张传递到目标客户。

(二) 商业模式的基本要素

从企业创造价值的角度来看，价值主张、目标客户与价值链是商业模式的基本要素。企业创造价值至少同时要满足如下三个条件，或包含三个要素。

首先，企业必须有自己的产品与服务；其次，这些产品与服务要能够卖出去，即能满足顾客的需求；最后，企业必须建立一定的生产与销售体系。

第一个条件是企业的"价值主张"问题，第二个条件是企业的"目标客户"问题，第三个条件是涉及生产与销售多个环节的企业"价值链"问题。

很显然，商业模式作为企业生存与发展的方式，还需要保证企业能从生产与销售这些产品中盈利，支持自身的生存与发展。如果能满足这一条，才能叫可盈利的商业模式。

企业商业模式的差别首先从价值主张与目标客户开始。在商业模式框架中有两个基本问题或过程：一是价值主张与目标客户的匹配；二是企业如何创造价值并把价值传递给目标客户。前者主要是信息联系，通过信息渠道来解决，后者主要是企业内部的价值创造活动。

1. 价值链：从企业的价值到目标客户的传递

企业内部价值创造活动的关键问题：什么活动创造价值？这些价值活动是如何组合起来的？企业采用什么样的活动以及这些活动如何协调，决定了企业能够多大程度上生产价值主张所需要的产品与服务，决定了企业的绩效。企业价值主张与目标客户的匹配，以及企业价值的传递，都有赖于信息与通信技术的支持，依赖于信息的收集、处理与传递，这是基于信息的价值链，被称为虚拟价值链。两个价值链都参与企业价值的制造与传递。互联网经济的意义，就是发现了虚拟价值链的意义，突出虚拟价值链的作用。

在传统经济条件下，由于信息交流的困难，大范围采集客户数据并对其进行分析的成本甚高，企业几乎难以承受，所以针对个别用户的需要提供个性化服务，在一般情况下是不可行的。但在互联网经济条件下，企业与目标客户的通信与交流变得便捷，企业可以为自己的价值主张与目标客户进行"精准定位"，可以借助互联网实施"精准营销"。企业不仅可以直接了解消费者的需求偏好，还可以广泛采集客户数据，更有效、更准确地挖掘顾客的潜在需求，使企业产品创新与客户需求联系起来，制定并实施针对性的营销策略，提供个性化的服务。

在互联经济中，消费者的行为也发生了重大变化。消费者可以通过上网浏览自己感兴趣的产品，借助视频可以获得某种体验，还可以根据体验比较全球范围内不同企业所提供产品的优劣，最后把自己的体验在网友中传播与分享，从而形成网络与社区。借助网络与社区，消费者可以分享交流而不必实际亲历，同时借助网络还可以亲自从事实验，甚至开发新产品，使之在网络与社区中流传与扩散。在这种情况下，企业如果不改变思维方式，管理者只看重成本，只关注产品和流程的品质、速度、效率，就不再能保证成功。因此，如何体现个性化服务，体现以消费者为中心，企业将面临种种考验。这也决定了企业商业模式创新是最重要的创新，同时也是最困难的创新。

毫无疑问，信息与通信技术的应用，使得企业价值主张与目标客户的价值交互作用变得更快捷、方便，针对性更强和更加有效。企业新的价值主张可以很快地得到客户的响应，同时客户的新需求信息与知识，也通过有效的信息与知识渠道传递到企业。因此，互联网技术为企业价值主张的变更与目标客户的匹配提供了方便，同时也通过信息与知识的管理改变着企业传递价值的方式。

可通过线上整合所有需求，把对用户需求的满足放在更高的地位，而把用户的不满、建议作为推动组织重组、流程梳理、运营政策制定的重要的甚至唯一的动力源，这其实是腾讯商业模式的基本特征，也是腾讯成功的关键。腾讯致力于将公司的所有资源整合成一个平台，通过线上来整合所有的需求，给用户一个非常直观的、能够通过网络获得服务的体验。

实物价值链与虚拟价值链的结合成为现代企业基本的商业模式。满足个性化需求意味着企业从单纯针对产品的创新，转向针对消费者的创新；经营方式从以企业为中心转向以消费者为中心；企业从关心自己的产品，到关心提供的服务与消费者体验；从置身消费者社区之外，到参与其中，与消费者共建社区，与消费者共创价值。这是企业商业逻辑的根本变化，正是这种变化体现了商业模式创新的最本质的特征。

2. 企业价值是企业在为客户提供价值的过程中所带来的自身价值

企业价值与客户价值两者相伴共生。企业价值与客户价值这两极的相生相克，推动着企业商业模式创新：

这里给出的商业模式定义虽然简单，但可以用于分析企业创造价值中的基本问题，包括以下几点：

指出了企业的价值源泉是什么，这种价值源泉体现为对目标市场的需求分析，表现为企业产品或服务设计。

指出了企业创造价值的方式，从而体现商业模式的价值创造原则。

包含着在价值源泉的基础上对内外部价值网络的设计与实现，把企业内部价值链作为企业商业模式的重要组成部分，从而可以解释企业的成本结构与利润结构。

（三）商业模式的评价

商业模式创新成为企业创新的主要趋势，在我国已成为社会的共识。其表现为：

全国各地有各种形式的创业大赛，这些大赛实质上是商业模式设计大赛。全国性的大赛有"挑战杯"大学生创业大赛、全国大学生创业大赛、中国科技创业计划大赛、中国创新创业大赛等。地方性的创业大赛更是不胜枚举，甚至许多科技园、学校甚至学院还有各种创业大赛。这些大赛，在普及商业知识、推动创业方面发挥了重要的作用。

对企业商业模式的评价，不仅仅是对它的组成要素的评价，主要还是为了进一步理解企业如何盈利。无论如何分解，商业模式毕竟是一个整体。人们对商业模式的评价，首先是对这个整体的评价。

对整体的评价涉及用什么标准与什么视角，标准与视角不同，评价结果自然就不一样。

从社会资源效率角度看，历史上最成功的商业模式，是用最便宜的材料成本，卖出最高的商品价值。在直到欧洲18世纪工业革命前的过去漫长岁月里，我们的老祖宗是世界上最成功的贸易者，因为我国对外出口的是茶与瓷器，而茶几乎就是取之不尽、用之不竭的资源。不同的茶叶经过制作烹炒，不但成为世界上最流行的饮料，有的价格甚至比黄金贵。陶瓷，源于泥土，古人通过掌握的烧造秘诀，制作精良的陶瓷，在世界范围内形成垄断经营之势，以至于中世纪的欧洲宫廷都以用中国陶瓷为巨大的荣耀。我们的祖先就用这样的方式，在过去的漫长岁月里成为世界上最强大的经济体。

商业模式是投资者考量的重要方面。从投资的视角来看，评价一个企业的商业模式，就是看所投资的企业是否有投资价值，即投资所能获取的回报。投资回报并不取决于企业创造的价值，而是取决于企业自身的市场价值，它体现人们对企业未来盈利能力的判断。

从企业自身的角度来看，商业模式整体的评价似乎只有一个标准，就是看它是否可以持续盈利。如何判断企业能否持续盈利是一个很难的问题，但是至少可以从两方面着手：一是财务指标，它主要描述企业以往的表现，以往的表现是判断现在与将来的重要线索；二是企业的成长空间指标。在这一点，企业与投资者具有一致性。

如果让投资公司、公众与企业家共同评价一些企业的商业模式，希望尽可能有一致的意见，就需要提出一套兼顾三种立场的评价体系与指标，并最好按照一定比例组成评价小组。

商业模式评价就是给商业模式的要素与功能一些量化指标，商业模式评价的要素包括评价主体、评价指标体系与评价方法。在商业模式评价的三要素中，最容易找到共同点的是评价指标体系。评价体系中存在着以下基本的共同点。

第一，对商业模式整体表现的评价。整体表现评价有两个基本指标：一是企业的现有盈利能力；二是企业成长性指标。

两个指标具有一定的互补性，前者主要体现在财务的表现上，后者体现企业运行的状态。财务指标可以较好地反映公司所取得的成就，并能反映对企业价值的一般性驱动因素。人们基于财务指标所提出的价值管理理念中，包含着对隐藏在企业价值背后驱动因素的挖掘，从而有助于将财务指标与企业经营联系起来。但财务指标毕竟只是一种"滞后指标"。从企业市场价值最大化的目标出发，人们首先关注的是企业的业务增长与发展潜力。一个公司若要创造未来，就必须同时能够"改造"整个产业，以创造未来产业或改变现有产业结构、以对自己有利为出发点来制定企业战略，这是企业战略的最高层次。

第二，对企业商业模式中基本要素的评价。对于企业的价值主张，主要考虑其创新性；对于目标客户，主要考虑企业能给客户带来的客户价值；对于价值链，主要考虑稳定性、合作伙伴、协调能力、风险控制、价值配置等。

因此，在上述评价指标共同性分析的基础上，可以提出一个综合评价商业模式的评价体系，它包括以下几个方面：

1. 对企业盈利能力的评价

财务表现为：成本结构与收入模型。

2. 对企业业务增长与发展潜力的评价

资源优势与动态能力。

3. 对商业模式基本要素的评价

产品与服务的创新性：主要涉及对价值主张的评价。

客户价值：满足客户的需求，主要涉及行业与社会影响。

企业的运营管理：风险控制与价值配置的稳定性，主要涉及对价值链的评价。

（四）造就成功的商业模式的方法

最佳的商业模式评选是对市场选择与竞争结果的"摹写"。而真正成功的商业模式不是"评"出来的，应该是在市场竞争的环境中脱颖而出的。

那么，如何创建能够在市场中取得成功的商业模式呢？这里有不同的理论与视角。

1. 专业化视角

成功的商业模式须具备以下几个属性:

差异化:强有力的差异化价值主张是实现增长和盈利的关键。

快速反应:企业组织必须能够感知客户和市场变化并迅速反应。

高效率:用灵活的方式调整成本结构和业务流程,以保持高生产率和低风险。

新经济环境的变化与企业的发展,要求企业必须重新设计商业模式,能够兼顾差异化、快速反应和高效率。但是企业很难使自己的商业模式同时做到这三点,兼顾这三点的一个解决方案是使企业专业化。

专业化意味着企业专注于最擅长的业务,而这最擅长的业务又是产业价值链上的关键环节,可以更好地控制成本与盈利:专业化意味着面对细分的市场,可以更容易地感知客户与市场的变化,有利于控制风险和获得市场收益。

专业化有可能使企业规模变小,但船小好掉头,企业更容易适应变化的环境。但企业也可以通过外部专业化做强做大。所谓外部专业化是指内部集成、战略合作和行业网络化,通过这种途径,企业还有可能在全球范围内独行天下。

2. 独特性视角

成功的商业模式应当难以复制,至少应具有以下三个特点。

第一,成功的商业模式要能提供独特价值。独特的价值表现为产品和服务独特性的组合,可以向客户提供额外的价值,使得客户能用更低的价格获得同样的利益,或者用同样的价格获得更多的利益。

第二,胜人一筹而又难以模仿的盈利模式。好的商业模式是很难被人模仿的。企业通过确立自己与众不同的商业模式,如对客户的悉心照顾、无与伦比的实施能力等,来建立利润屏障,提高进入门槛,从而保证利润来源不受侵犯。

第三,成功的商业模式把盈利模式建立在对客户行为准确理解的基础上。

成功的商业模式必须能够突出一个企业不同于其他企业的独特性。这种独特性表现在它怎样界定产品或服务以满足目标客户需求,界定目标客户及其需求和偏好,界定价值传递和沟通渠道,界定竞争者以建立战略控制能力和保护价值不会很快流失。

但对于成功的商业模式是否具有可复制性,存在两种截然不同的观点:一种观点认为,成功的商业模式是不可复制的,国外成功的商业模式简单复制到中国并不一定会取得成功,譬如收费的 ebay 在中国就被不收费的淘宝打败。另一种是相反的观点,即成功的商业模式是可复制的,把国外成功的商业模式翻版到中国也并非一定不能成功。例如,经济型连锁酒店国外有现成的模式，如家酒店集团把它拷贝过来照样做得风生水起，而百度跟着 Google 的脚步，最终成为国内最大、最成功的搜索引擎网站。关于商业模式是否可被复制与模仿的争论，说明独特性只是商业模式成功的必要条件，而不是充分条件。

同样的说法当然也适用于专业化，专业化是商业模式成功的必要条件，而不是成功的充分条件。

二、互联网商业模式创新

（一）互联网企业的一般模式

互联网是一个很大的行业，包括很多服务商，通称为互联网企业。传统的分类包括以下几种。

网络接入服务商（ISP）。提供企业及个人的互联网介入、虚拟专网（VPN）、虚拟主机出租、域名注册、电子邮件及系统集成等业务，包括网络提供商、接入服务商。

网络内容服务商（ICP）。通过网站向用户提供新闻、科技知识、行业发展、咨询服务等各类信息。

网络设备提供商。提供基础网络设备，包括计算机、集线器、交换机、网桥、路由器、网关、网络接口卡（NIC）、无线接入点（WAP）、打印机和调制解调器等。

软件提供商。提供互联网应用的各种软件。

互联网企业的商业模式创新引领着企业创新的趋势。互联网的发展不断地向人们的商业智慧提出挑战。几乎所有的企业创新或多或少都与互联网的发展变化及互联网引发的新商业模式有关。

下面从商业模式的三要素出发，尝试描述传统互联网企业的一般模式。

1. 虚拟价值网络

互联网企业的商业模式建立在虚拟价值链的基础上。虚拟价值链是互联网企业的价值源泉，能给互联网企业带来价值的活动包括以下两个方面：

（1）基本信息增值活动

基本信息增值活动是指贯穿于实物价值链原材料采购和运输、生产过程、产品物流、市场营销和售后服务等各个环节的信息收集、整理、选择、综合和分配。虚拟价值链中为制造商、供应商和消费者提供信息的过程实际上就是实体价值链中订购、装配和供货的过程，包括通过网络对原材料进行进货管理、库存数量控制等活动；应用网络与仿真技术对产品设计、加工生产、检验等统一建模，优化生产管理与产品质量管理；通过接受和处理顾客的订单，进行库存协调、控制生产进度、发货管理，以保证发货的及时和高效；通过网络广告、网络图片营销、邮件营销、论坛营销等新理念和新方式进行营销活动，以降低销售成本，并加强企业对市场的响应能力；在线对客户进行服务、解疑和提供方案。

(2) 附加价值活动

附加价值活动是指作用于基本信息增值活动各环节的附加价值活动，包括为企业物料需求、制造资源、管理信息系统、企业资源规划、技术研发与产品研发提供技术支持的信息技术平台建设与管理，智力资源管理平台建设与管理，技术研发平台建设与管理等。

2. 价值主张

互联网技术发展迅速，它的每一个进步，都为互联网的应用提供了新的可能性。多数互联网新技术的发展是基于人们的潜在需求，而不是现实的需求。从潜在需求到现实的需求，需要经历一个过程。由于用户规模是互联网服务存在的条件，所以许多互联网企业在建立之初并不清楚其最初的价值主张是否能使企业真正获得价值。这是许多互联网企业采用免费模式的原因之一，也是一些风险投资公司获得机会或错过机会的原因。

互联网企业的发展，大都先要度过一个"烧钱"的过程。"烧钱"的过程其实就是培养用户的过程，也是互联网企业的价值主张被市场"识别"的过程。但只有最终盈利企业才能真正生存下来。

传统互联网企业的价值主张包括以下三个方面。

(1) 媒体

我国较早出现的互联网企业是门户网站。门户网站其实就是提供各种信息的传统媒体的电子版，其收费模式也类似媒体，主要依靠广告收入。随着互联网技术的发展，网络商务活动增多，以信息服务为主的门户商业模式也有新的发展。从目前门户网站的界面情况来看，他们主要提供新闻、搜索引擎、网络接入、聊天室、电子公告牌、免费邮箱、影音资讯、电子商务、网络社区、网络游戏、免费网页空间等网络服务。我国典型的门户网站有新浪、网易和搜狐网等。

(2) 交易平台

提供一个交易平台，就是撮合买家、卖家让他们高效达成商务上的交易，然后通过这样的服务来收取注册和中介服务费。

（3）咨询服务

网络咨询服务内容很广，包括网络游戏、互动娱乐、网络招聘、网络教育、网络旅游、网络银行等。腾讯公司的虚拟货币或虚拟物品等增值服务，被认为是互联网企业咨询服务的创新之举。互联网企业通过咨询服务向用户收费，主要是向有增值服务需求的用户收费。

3. 目标客户

互联网企业最大的特点是免费。百度、360软件、腾讯、维基百科等为人们的工作和生活提供了极大的方便，利用互联网收看免费的电影以及下载海量歌曲也成为人们生活中的一部分，实时的网络通信因为其几乎免费和使用的便捷性更改变了一些人的生活和工作习惯，互联网经济的发展使它愈来愈成为免费经济的代名词。

免费是这些网站的基本特征，是互联网企业发展的基础。但是免费不意味着没有自己的目标客户。免费也不是互联网企业独有的现象。作为一种营销策略，免费试用很早就存在。商家常常拿出1%的样品让消费者免费试用，以此诱惑消费者，拉动剩下99%的产品销售。但是互联网企业的免费，与纯粹的以免费作为促销的策略有所不同。网站通常会拿出99%的产品作为免费品，拉动1%愿意支付高价费用的消费者的需求，用这1%的用户支撑起其他用户。

互联网企业的这一模式，建立在两种有关联的理论基础上：其一是"长尾理论"；其二是双边市场理论。

互联网企业的产品是数字产品。数字产品与大部分普通产品不同，它是非竞争性的，也就是说，增加一个用户并不需要增加制造成本，而且一个用户的使用并不妨碍其他用户再使用。所以，一方面，用户规模扩大，对互联企业仍是零成本；另一方面，互联网企业面对的是个性化的需求，其市场不再是一个大众市场，而是一个个小众市场。

对互联网企业来说，考虑80%的人的需求不存在成本问题，技术上也不再困难。更重要的是，众多小市场可借助互联网汇聚成与主流大市场相匹敌的市场能量。只要存储和流通的渠道足够大，需求不旺或销量不佳的产品所共同占据的市场份额完全可以和那些少数热销产品所占据的市场份额相匹敌。也就是说，白色的长尾巴区域的消费可以积累成足够大、超过黑色部分的市场份额。这就是安德森所提出的"长尾理论"。

网络时代是关注"长尾"、发挥"长尾"效益的时代。互联网企业通过提供人们感兴趣的内容吸引大众的注意力，而一旦网络用户达到一定的数量，由于网络效应，就会吸引更多的用户加入网络。庞大的客户群是互联网企业的最大的"资产"。如果网络企业成功地掌握了大众的注意力,则可以认为该企业已经成功地完成了经营销售的"战略目标",网站的访问量越大,该网站所蕴藏的商业价值就越大。当一个网络吸引了足够多的人参与时,只要少数人去购买他们的收费产品,就足以使网络企业盈利。一项网络软件和服务中有99%的用户选择免费版,也许只要1%的付费用户就可以支撑整个业务。

长尾理论能够成立与互联网企业的市场结构与性质有关。

互联网是交互作用的平台。交易有买卖两方,互联网企业作为第三方为买卖双方提供服务。这种交易与传统市场的不同,不仅在于平台企业可以促成交易,而且买卖双方中任何一方的数量越多,就越吸引另一方的参与。这种市场形态被称为双边市场。而双边市场具有以下两个鲜明的特征。

作为交易平台,互联网企业同时向交易双方提供相同的或不同的服务,这些服务在促成交易双方达成交易方面是相互依赖、相互补充的。只有交易双方同时出现在平台上,并同时对该平台提供的服务有需求时,平台的服务才能真正体现其价值。

交叉网络外部性。网络外部性是指某个产品或服务的价值随着消费该产品或服务的消费者数量的增加而更快地增加。交叉网络外部性是指交易平台上买方(或卖方)的数量越多,所吸引的卖方(或买方)的数量就会越多。

作为双边市场的第三方平台,互联网企业为两边提供服务,本可两边收费,但是如果对买方免费,将有利于有更多购买者参与;由于交叉网络效应,这也引起更多的销售者进入这一市场,也就更有利于较多的交易在互联网企业的平台上进行,从而就可获得更大的收益。这被称为交叉补偿策略。

交叉补偿策略也包括对买卖双方都免费,而从其他业务获得补偿收入。从创办时起,淘宝网就一直对买卖双方都免费,但这使网上交易平台延伸为网上综合营销平台,淘宝网通过提供广告推广业务等获得补偿。这里,广告业务意味着向第四方收费,即付费方既不是买者,也不是卖者,更不是淘宝网自己。支付宝和淘宝的结合形成了淘宝的一个融资机构,用户在淘宝上通过支付宝将钱汇到支付宝,支付宝可把资金收集起来进行投资盈利。

互联网企业的商业模式常常被概括为以免费聚集"人气",也叫"吸引眼球","注意力经济"。但互联网企业是交易平台,需要"黏"住用户,并把其中的一部分转化为收费用户。例如,阿里巴巴有着数量庞大的国内商品展示企业用户,大多数用户是简单注册的非付费用户。阿里巴巴的收入增长来自从免费到收费的转化率。如果不能黏住用户,早期花费很多代价引起关注,但关注一下子就匆匆离开,人气就聚集不起来,建立网站就达不到预定的目标。

黏住客户就是使客户有很大的转换成本。转换成本是指当客户从一个产品的提供者转向另一个提供者时所产生的成本，包括经济、时间、精力和情感上的得失。当客户从一个企业转向另一个企业时，如果为此会损失大量的时间、精力、金钱和关系，就意味着较高的成本。转换成本的存在表明优先占领市场的重要性。

但人为地增加转换成本，会吓住一些潜在客户，也导致现存顾客的不满甚至报复。增加转换成本的关键是增加互联企业服务的吸引力，它体现互联网企业的核心竞争力。例如，腾讯QQ已经变成很多人生活中不可缺少的一部分，联系朋友、兴趣交流、业务联系甚至是寻找爱情，都可以借助QQ做到。离开了QQ就意味着交流成本大幅上涨（时间成本或金钱成本等），甚至还会失去一部分联系，如果要重新构建依托QQ所建立起来的关系网，可能需要付出很大的成本。腾讯公司能成为我国互联网企业的翘楚，不是偶然的。

免费还是收费，都不过是双边市场定价的策略，对一边的免费只是收费的一种特殊情况，也就是零价格。在双边市场中，平台企业面对价格弹性不同、相互之间存在网络外部性的两边，定价的焦点问题是如何为交易平台吸引尽可能多的用户。因此，平台往往采用不对称定价策略，以低价大力培育客户基础，通过网络外部性的作用来吸引更多的用户到平台上来交易，并对另一边收取高价，以保证平台的收入与盈利。

人们在肯定互联网免费商业模式的同时，也在历数这种模式的弊端，如容易造成垄断、竞争过度、侵权与信用缺失、广告点击率低等。

互联网企业能否改为收费模式，关键是网站能不能产生足够的吸引力。如果新的互联网企业能抓住人们的新需求，用户愿意付费，那么就可以在收费基础上成功建立互联网的商业模式。

（二）从信息互联网到在线生活社区

互联网最初的商业应用是靠一个个独立的站点，为用户提供各种信息及便捷的联系，这些网站可以说是报纸、广播等媒体的电子版，被称为新媒体。事实上门户模式主要的工作就是将传统媒体上的信息综合到自己的平台上，虽然并未提供或者很少提供原创的实时新闻，但作为一个信息的汇聚和推送平台，比传统媒体能更快、更广地传播信息，并能在为网民提供免费信息的同时获取大量的流量，根据流量提供广告服务从而实现盈利。

面对各种门户网站提供的海量信息，如何尽快地获取所需要的信息？搜索网站适应这一需要而出现：搜索网站为用户提供检索服务提供了极大的方便，用户只需要在搜索框输入一个关键词，搜索引擎便以特定程序让用户轻松地获取所需的信息。搜索网站在提供免费检索服务时可根据用户搜索内容展示相关广告，精准地定位潜在客户，产生极高的广告效果，因而谷歌、百度成为最赚钱的"广告公司"。

更有蓬勃发展的电子商务向用户提供各种专业商品信息，使人们足不出户就可以买到自己想要的商品，而且还能享受远低于传统超市和商店的优惠价格。

互联网企业对人们生活的影响，首先表现为以提供各种类型的信息这一方式。有人认为这样的互联网应称为信息互联网：网站就是信息提供者，一个网站就是一个信息中心，用户只是信息的接收者。但是人们不仅需要获得信息，还需要分享、互动。人们不能仅从互联网被动地获得信息。互联网在大量的商业应用之前，还在由科研团体或政府机构管理的非商用实验网时期，电脑联网就是为了实现交流与分享信息。用户既是信息消费者，也是信息提供者。互联网秉承的理念应是"人人参与"，信息的处理与控制不应完全由网站负责。

为了实现用户参与、用户与网站互动，互联网的进一步发展方向是成为信息平台，信息的处理和控制最大限度地交给终端节点（包括服务器和用户），网站只是传递信息。网站已成为一种信息平台，用户就成为中心。用户既能从网站接收大量信息，而更重要的是可以构建自己的网络，分享信息。新的互联网的特征被概括为个性化、开放、共享、参与、创造。

Web2.0的应用繁多，博客、播客、RSS、SNS等应用向人们展示了个性化时代丰富多彩的生活。基于互联网发展起来的网络社区或社区论坛，包括BBS、论坛、贴吧、公告栏、群组讨论、在线聊天、交友、个人空间、无线增值服务等形式的网上交流空间，集中了具有共同兴趣的访问者。网络社区成为人们现实生活的延伸，使人们的生活内涵更丰富，生活方式更加多元化，更加精彩。在人类历史上，还没有哪一项技术能给人类的生活方式带来如此大的变化。

社交网站（SNS）的涌现体现出人们对建立社会性网络的重视。互联网社会化的应用不断融入新的技术与传播工具。互联网本来是电脑的联网，随着互联网的发展与应用日益广泛，人们在办公室、家庭、旅馆等世界的各个角落都安装了电脑。但电脑也在发展，其应用也渗透到各种产品。人工智能的发展，使互联网也变得日益智能化。随着智能手机的出现，互联网变成移动互联网，而视频网站的发展，以更大的信息量、个性化，将人们带入虚拟世界。三网融合将通信网、电视网和互联网统筹在一起，为个性化互联网提供了强大的网络基础设施，也促进了围绕个性化互联网的商业模式创新。

互联网日益普及，并融入人们的生活。人们几乎可在任何时间、地点、用任何终端、任何接入方式通过网络满足自己的各种需求。为此，产生了在线生活社区的概念。的确，在城市公交车、地铁、咖啡厅、候机大厅里，人们用手机或 iPad 上网读写微博、聊天、读小说、浏览新闻，这已成为现代的日常生活景象。越来越多的人通过移动终端下载音乐视频、预订餐饮机票，或实现网上购物和网上支付，移动互联网正在改变人们的生活、沟通、娱乐休闲，乃至消费方式，由此也改变着企业制造产品和提供服务的商业模式。同时，移动互联网还在改变整个信息产业的生态，IT 软硬件企业、通信企业、传统互联网企业等纷纷围绕移动互联网推出自己的全新业务战略。腾讯的商业模式创新，体现在以自己用户群的社区为核心，通过线上整合所有的需求，给用户一个非常直观的能够从自身的需求通过网络获得服务的体验，以服务强化社区的黏性。

第五节　创新网络与创新型企业的商业模式

一、构建与管理创新网络

创新管理的任务包括内部获取创意、跨单位获取创意、外部获取创意、挑选创意、开发创意和在全公司范围传播创意。

"创新价值链"已突破人们以往对这一概念的朴素理解。按照"链"的字面来理解，创新价值"链"似乎意味着把创新理解成一个线性模型，每一个活动都是链条上的一个环节，环环相扣。事实上，人们在很长的时间里对技术创新都持有这种"链"的理念，这一理念曾有助于人们发现创新中的薄弱环节，合理地配置资源，并开展有针对性的管理，增加创新成功的机会。例如，人们发现技术创新在运作过程中非常容易出现以下两种倾向：一方面，表现为不重视技术创新中的研究部分，特别是缺乏深入的基础研究和应用基础研究，技术创新得不到知识创新的推动，使得技术创新演变成简单的开发应用，难以产生重大的技术创新；另一方面，表现为不注重技术创新中的市场化部分，造成科研和市场的脱节。我国科技体制改革的一个重要的目标，就是针对创新价值链中的一些"脱节"，提出合适的政策与方案，以"打通"创新价值"链"。

但创新是在多个参与主体所组成的网络中产生、采纳和传播的过程，所以这里所说的创新价值链，其实称为创新价值网更合适。

技术创新是一个复杂的过程，由于专业分工的原因，不同的行为主体经营在不同专业领域，没有一个行为主体具有完全掌控创新结果的能力。因而，行为主体之间的联系和相互依赖就显得非常重要，为了实施创新，这些组织不得不与其他组织发生联系，以获得所需的信息、知识和资源等，这样就导致了在分工基础上的技术创新网络产生。

创新价值网是企业为了实现技术创新而对创新网络的构建与管理活动。换言之，创新价值网是企业与其他组织（供应商、客户、竞争者、大学、研究机构、投资银行、政府部门等）建立联系，交换各种知识、信息和其他资源，共同参加新产品的形成、开发、生产和销售的过程。企业与这些形形色色的组织的协同创新活动，就构成企业的创新价值网，协同创新的特征，表现为网络创新能力大于个体创新能力之和。

创新价值网中关于科学、技术、市场的直接和间接、互惠和灵活的关系，可以通过正式合约或非正式安排来维系。

很明显，技术创新网络的形成还由于互联网的技术支持。企业成为广泛联系的互联网中的一个节点。不同创新主体合作而形成的技术创新网络成为企业技术创新活动的重要组织形式。IBM公司提出互联网的发展历经四个阶段：特定的互联、互联的系统、互联的企业、互联的经济。特定的互联是指点对点的联系；互联的系统是指使用开放的系统制定开放的标准；互联的企业是指与外部合作伙伴、供应商、客户之间有着很强的互动，进而通过这种互动来增强自身能力；互联的经济是指企业、市场、社会、政府之间的联系越来越广泛和紧密，催生了新的经济活动，推动着经济发展。

但一般的企业网络并不是企业的创新网络。技术创新网络是企业创新活动中伙伴关系结成的网络，不同于社会关系网络、产业网络、企业集群、企业网络等，但企业创新网络又要利用各种关系。我国大量引进外资，众多外资与合资企业形成网络，但这种网络并非创新网络，它们只是一般的企业间网络或产业网络。在这种网络中，不少企业并没有走向创新之路，反而沦落到了国外企业廉价加工厂的地位。我国一些企业利用国内廉价资源与劳动力及其广阔的市场为国外企业赚取了大量利润，而它们本身在产业链条中却处于最低层次。

我国不少企业缺乏创新意识，某些企业即使重视创新也并不了解网络创新的方式方法，不了解如何把握网络创新中的关键问题还有一些企业片面地把创新行为理解成"练内功"，把核心能力仅仅理解成内部知识的汇总。核心竞争力是公司内部的知识汇总，尤其是如何协调纷繁复杂的生产技能和融合多种技术潮流。核心竞争力是凝聚现有业务的胶水，也是发展新业务的火车头。

这一理论明显的缺陷是没有考虑"树"的生长与它所在的生态环境的关联。在今天，创新网络才是企业获取创新思想、新技术和新市场的主要渠道，企业的创新在很大程度上取决于企业能否有效地开发和利用创新网络。世界银行与国务院发展研究中心共同完成的《2030年的中国：建设现代、和谐、有创造力的高收入社会》中，强调中国企业应参与全球研发网络进行产品与工艺创新。中国企业需要充分理解合作伙伴的目标、驱动因素及发展策略，进而制定有针对性的协作策略。

善于构建与管理技术创新网络，意味着企业使自己占据创新网络的中心地位，这样才能获得其他组织开发的新知识，才能产生更多的创新，才能有更好的创新绩效。网络中心或者中介性越强，其接触的信息量越多，企业的创新性就越强，导致企业的网络地位逐渐提升，最终成为技术创新网络中的核心企业。

企业融入网络中，也使得企业的边界不再是确定的，这等于拆掉了企业的"篱笆墙"。企业本来是因节约市场交易成本而存在的，当企业内部的交易成本反而大于外部交易成本的情况下，就应当把有关的业务部门精简。如果企业在市场上可以买到的产品、配件、半成品，比企业内部生产的更便宜、质量更好，企业就不应自己生产，而应在市场上购买，从而企业相关的业务部门就没有继续存在的理由。"拆掉企业的篱笆墙"意味着把市场的压力不断传递到企业内部，有利于克服企业过于封闭的"大企业病"。"拆掉企业的篱笆墙"的活动使海尔优化了内部价值链。

对企业的创新来说，拆掉"篱笆墙"的意义在于，企业可以从外部获取更多的技术与创意，同时也使得企业内部的创新更有效。

企业在创新网络环境中的技术创新模式是开放式创新。与开放式创新不同的创新模式是封闭式创新。两种技术创新模式的主要差别，在于企业在获取技术、如何利用新技术实现盈利，以及在技术创新各个环节如何整合资源，特别是利用外部关系与资源方面有根本的不同。简言之，封闭式创新基于企业内部资源、将技术创新过程控制在企业内部，以便获取创新利润和提高自身的竞争优势；开放式创新以开阔的视野看待创新，把技术创新视为可以延伸到企业外部价值网上的活动，因而技术的获取、技术的商业化以及创新的收益分享都可以做多方案的选择。

开放式创新的过程表现为创新价值网。创新企业利用参与协同创新的利益相关者所组成的创新网络，通过与其他"节点"互动与协同，促使创新要素整合、共享。技术创新过程不仅有知识的流动，还必须有人才、资金等要素的参与。企业从商业模式的角度，根据市场环境与条件、自己拥有的技术资源、外部可取的资源，以及创新过程中的成本投入、风险分担，创新成果的分享、转移与交易，考虑如何利用外部的关系与资源实现新技术的价值。合资研究、合作研究、研发外包、虚拟联盟、交叉许可等代表不同的合作方式。企业也可借助风险投资实现创新与创新成果的商业化，包括外部风险融资或自设风险基金。通过对外融资可在风险投资的帮助下实现创新，创业成功之后可选择回购或出售自己的股份获得收益。自设的风险投资基金可以资助内部员工的创新与创业行为，也可以参与对外部创新成果的投资，以便获得大量的科技创新成果与可观的投资收益。

二、创新型企业及其商业模式

当创新成果转化为知识资产之后，在下一轮的创新过程中，就可以在此新的知识资产基础上依据动态演进的过程持续创新。这一过程得以持续的条件是，企业保持着较高的创新效率，能够有效地获得知识资产，并能有效地将知识资产转化为产品与服务，实现知识资产的价值，从而通过知识资产的经营获得收益以支持企业持续的创新。如果是这样，就意味着企业走向依靠创新生存与发展的道路。这样的企业应称为创新型企业。

创新型企业是相对传统企业而言的，传统企业主要依赖垄断、保护、模仿、复制已有的技术、产品、市场等方式求得生存与发展，它们仅适合于社会经济条件变化比较慢而且竞争不十分激烈、创新能力与速度对企业的生存与发展并不那么重要的时代。创新型企业是依靠创造新技术、新产品、新流程、新服务、新市场等方式求得生存与发展，适合于技术与产业链变化加快的社会经济条件下，是现代意义上真正的企业。现代企业是以信息为基础的知识创造组织，这种组织将主要依靠专业化的知识工作者，知识工作者依靠信息创造知识并贡献信息；如同研究所、医院、乐队等专业化组织，现代企业的组织成员主体是领域内专家，其主要活动是知识创造。企业依靠创新盈利、生存、发展的问题，不是企业某个方面或者某个因素的问题，而是企业整体模式的问题，商业模式是企业竞争的关键。

可以用价值系统来描述企业所在产业中从原材料到最终产品整个过程的上下游企业之间的价值活动关系，用垂直价值链来描述与企业直接相关的上下游企业之间的价值活动联系。传统企业主要是以制造、销售、物流为核心增值环节，依靠产品经营而盈利、生存、发展。如何在制造、销售、物流等核心增值环节获取竞争优势，是企业生存发展的关键。

创新型企业依靠创新生存与发展，也就是通过创新建立知识资产，然后有效地经营知识资产，通过创新来盈利。知识资产经营的资源包括人员素质、创新能力、R&D 能力、专利、技术秘密、销售网络与体系等，意味着企业在知识产权保护、管理的基础上，通过将知识产权内部实施、有选择地将知识产权进行对外贸易（技术咨询、技术许可、技术转让、技术服务以及交付知识产权产品和软件等方式）、将知识产权作为要素进行投资等途径，获取利益回报的过程。

通过获取知识产权、创造知识产权、经营知识产权并周而复始，创新型企业就实现了依靠创新而盈利、生存、发展。相比较而言，传统企业是以耗费自然资源为代价、以有效利用物质资源使其转化为产品与服务的传统经营，其直接后果是耗费自然资源和破坏人类赖以生存的生态环境；创新型企业是注重有效创造、利用知识资产，将知识资产转化为产品与服务的知识资产经营，其经营结果是提供更优解决方案、降低资源耗费、推动整个产业价值网络向更高级演变。因此，创新型企业以知识产权为核心的经营模式，突破了传统产品经营的模式，成为真正意义上的现代企业，是推动产业网络乃至社会经济发展的主导力量。

创新型企业通过自己的价值定位，确定了其内部核心价值链与外部合作伙伴，形成了以创新型企业为核心的创新价值网，创新型企业的商业模式就是通过整合该创新价值网的资源，完成其内部核心价值活动，实现其价值主张的机制。

（一）创新型企业的价值主张

创新型企业是依靠创新而盈利、生存、发展的企业，所以创新是创新型企业主要的价值来源，是支撑其价值主张的主要因素。现代经济条件下，创新产出的本质是知识产权，创新型企业可能通过内部商业化、许可、出售、风险投资等多种方式实现知识产权的经济价值，所以创新型企业的价值主张必然会根据企业实现创新经济价值的方式不同而不同，但是价值主张的核心支撑要素必然是创新及其知识产权。

（二）创新型企业的内部核心价值链

内部价值链是企业为了向顾客提供价值而必须进行的活动及其结构，用于创造和传递企业的产出。内部价值链决定了企业成本收益结构，决定了企业所需的互补资源和外部合作伙伴。创新活动和知识产权经营活动是形成创新产出并实现其经济价值的核心价值增值活动，而创新管理和知识产权经营是企业根据自身资源和能力、外部网络条件所采取的价值增值方式，它们之间的组合结构就形成了创新型企业的内部核心价值链。

（三）创新型企业的价值网络

价值网络是企业为了完成内部价值活动、实现其价值主张而与其他主体合作形成的网络。创新型企业围绕其内部创新活动和知识产权经营活动与外部主体合作，形成了以创新型企业为中心的创新价值网络和互补资产价值网络。创新型企业就是在其创新价值网络和互补资产价值网络中实现高效率创新并充分实现创新的经济价值。创新型企业的价值网络对创新型企业获取、创造知识产权并实现其经济价值具有重要影响。

创新型企业的网络包含以下两个子网络。

技术创新网络。创新型企业是占据创新网络中心地位的企业，它可以获得其他组织开发的新知识，可以产生更多的创新，也有更好的业绩。

互补资产价值网络。创新型企业是主要从事研发活动的企业，它需要其他企业，例如OEM厂商、渠道厂商、零售企业以及金融服务业、管理服务业、要素市场等诸多参与者为实现创新价值提供配套服务。这种价值网络的结构与组织模式反映了企业利用网络资源实现其知识产权潜在经济价值的方式。开放式创新模式认为，创新型企业不仅能通过内部制造与销售将知识产权商业化，而且也能够通过许可、出售、风险投资等方式，与其他企业共同实现本企业知识产权的经济价值互补资产、法律制度、产业特征等因素决定了知识产权实现其经济价值的可能途径。

企业要实现技术创新成果的经济价值，需要拥有相应的互补资产，互补资产数量和质量对实现和获取技术创新的经济价值具有决定意义。随着信息化和全球化发展，可交易的中间产品范围剧增，信息与实物分离，实物产品的重要性降低，知识资产逐步成为市场竞争中的核心资源；技术创新活动中的知识资产与实物产品日渐分离，组织间形成复杂的虚拟联系，超越了传统价值分析的范畴，如何从知识资产中获取经济价值成为当前经济活动的核心；企业的关键能力是创造、传递、集中、整合以及利用知识资产，知识资产的自身特性、互补资产（包括生产能力、销售渠道、忠诚顾客等）、法律制度、产业结构、动态能力等因素都对知识资产实现经济价值有着重要影响。

正是知识资产与实物资产的分离，创新型企业才能区别于一般传统企业，通过可持续的创新和依靠知识资产经营、生存与发展。正是知识资产与实物资产的互补性，才能使创新型企业带动众多的企业实现创新。

知识产权经营是以知识产权为对象的、在互补资产价值网络和创新价值网络中实现其经济价值的管理活动，企业创新活动可以通过自身的制造、销售、物流等资源实现其经济价值，也可以通过互补资产利用其他企业的制造、销售、物流、管理、资本等共同实现其经济价值并获取相应份额。

创新型企业主要产出是知识资产，主要活动是知识资产的创造与经营活动。通过技术创新网络获取知识资产，利用互补资产网络经营知识资产，并获得经济价值。

创新型企业通过与大学、科研机构、其他创新型企业、传统企业以及最终消费者建立创新网络、互补资产网络，获取创新所需的科学、技术与市场知识，通过内部创新、合作创新、并购、产学研联盟等多种途径进行创新活动，产出专利、版权、技术秘密等知识产权，并通过内部商业化、公司创业、风险投资、出售、许可（包括交叉许可）、特许加盟等方式实现知识产权的潜在经济价值。

关于创新型企业的商业模式有下述结论。

创新型企业的价值主张是创新，以创新为价值来源、依靠创新而盈利、生存、发展。

创新型企业围绕知识产权的获取、创造、经营形成了其内部核心价值链，其中主要包括创新管理与知识产权经营。

创新型企业围绕创新和知识产权经营活动组织并形成了外部创新网络和互补资产网络，创新网络决定企业自身创新的效率与水平，而互补资产网络则与企业实现知识产权经济价值的途径密切相关。

根据创新型企业的外部价值网络覆盖的范围、内部价值链的构成以及价值主张的实现途径可以将创新型企业划分为以下类型。

1. 整合型创新型企业

这类企业内部价值链包括创新管理、知识产权经营以及传统企业的制造销售等活动，此类创新型企业主要途径是依靠自身具备的制造和销售等互补资产实现创新及其知识产权的经济价值。整合型创新型企业是创新驱动的传统企业。

2. 半整合型创新型企业

这类企业内部价值链包括创新管理、知识产权经营以及部分传统企业的销售活动，也就是说此类创新型企业将制造等环节外包给互补资产价值网络完成，自身专注于研发和销售等环节的活动。半整合型创新型企业是当前主流的创新型企业类型。

3. 知识产权经营型创新型企业

这类企业的内部价值链主要包括知识产权获取与经营。

第七章 现代企业管理创新与发展

第一节 现代企业管理信息系统开发及维护

一、企业管理信息系统

（一）管理信息系统的概念

管理信息系统（MIS）是一个以人为主导，利用计算机硬件、软件、网络通信设备以及其他办公设备，进行信息的收集、传输、加工、储存、更新和维护，以企业战略竞争、提高效益和效率为目的，支持企业高层决策、中层控制、基层运作的集成化的人机系统。

管理信息系统的概念包含三个特征：

1. 管理信息系统是一个人机系统

机器包括计算机硬件及软件（包括业务信息系统、知识工作系统、决策支持系统），各种办公机械及通信设备；人员包括高层决策人员、中层职能人员和基层业务人员，由这些人和机器组成一个和谐的配合默契的人机系统。系统设计者应当很好地分析把什么工作交给计算机做比较合适，什么工作交给人做比较合适，人和机器如何联系，从而充分发挥人和机器各自的特长。

2. 管理信息系统是一个集成系统

也就是说管理信息系统进行企业的信息管理是从总体出发，全面考虑，保证各职能部门共享数据，减少数据的冗余度，保证数据的兼容性和一致性。具有集中统一规划的数据库是管理信息系统成熟的重要标志，它象征着管理信息系统是经过周密的设计而建立的，它标志着信息已集中成为资源，为各种用户所共享。

3. 管理信息系统用数学模型分析数据辅助决策

只提供原始数据或者综合数据，管理者往往感到不满足，管理者希望得到决策的依据。

(二) 管理信息系统的功能

为了满足管理者的信息需求，信息系统需要完成大量的信息处理工作。其基本功能可概括为以下六个基本方面，即信息的收集、传输、加工、储存、维护和使用。

1. 信息的收集

根据数据和信息的来源不同，可以把信息收集工作分为原始信息收集和二次信息收集两种。原始信息收集是指在信息或数据发生的当时当地，从信息或数据所描述的实体上直接把信息或数据取出，并用某种技术手段在某种介质上记录下来。二次信息收集则是指收集已记载在某种介质上，与所描述的实体在时间与空间上已分离的信息或数据。

2. 信息的传输

当信息系统具有较大的规模，在地理上有一定分布的时候，信息的传输就成为信息系统必备的一项基本功能。系统越大，地理分布越广，这项功能的地位就越重要。信息系统的管理者与计划者必须充分考虑所需要传输信息的种类、数量、频率、可靠性要求等因素。

3. 信息的加工

一般说来，系统总需要对已经收集到的数据或信息进行某些处理，以便得到某些更加符合需要或更能反映本质的信息，或者使信息更适于用户使用。

信息加工的种类很多。从加工本身来看，可分为数值运算和非数值处理两大类。数值运算包括简单的算术与代数运算，数理统计中的各种统计量的计算以及各种校验，运筹学中的各种最优化算法以及模拟预测算法等。非数值数据处理包括排序、归并、分类等。

4. 信息的储存

信息系统必须具有某种信息存储功能，否则就无法突破时间与空间的限制，发挥提供信息、支持决策的作用。信息系统的存储功能就是保证已得到的信息能够不丢失、不走样、不外泄，并整理得当，随时可用。

在实际工作中，信息传输与信息存储常常是联系在一起的。当信息分散地存储在若干地点时，信息传输量可以减少，但安全性、一致性就会变得难以解决。如果信息集中存储在同一地点，存储问题比较容易解决，但信息传输的负担将大大加重。实际工作者常常面临对两者的权衡和合理选择。

5. 信息的维护

保持信息处于可用状态叫作信息维护，包括系统建成后的全部数据管理工作。信息维护的主要目的在于保证信息的准确、及时、安全和保密。

信息的保密性是当前备受关心的一个问题。随着信息越来越成为一种资源，人们也越来越把它当成一种财产来对待，因而被盗的情况也越来越多。为了维护信息的保密性，信息系统采用了很多技术，如在机器内部以及信息系统程序中设置密码，以及在机器上记录终端设置试探次数等。

6. 信息的使用

信息系统的服务对象是管理者，因此，信息系统必须具备向管理者提供使用信息的手段或机制，否则就不能实现自身的价值。提供信息的手段是信息系统与管理者的接口或界面，其情况应根据双方的情况来定，即需要向使用者提供的信息情况以及使用者自身的情况。

从需要向用户提供的信息来看，决策支持系统的复杂程度及灵活性要求是最高的，因此对话式的用户接口是比较适宜的。业务信息系统和管理信息系统一般倾向于提供固定的例行信息服务。

（三）管理信息系统的作用

企业是国民经济的基本单元，企业的发展对我国的工业现代化建设有着不可估量的影响。

1. 加快资金周转

财务部门可以及时发现问题，不失时机地调度资金，提高资金使用效率，从而节省银行利息支付。

2. 降低生产成本

计算机生产管理加强了对产品全过程的监控，能及时反馈信息。制订在产品设计和工艺计划，对材料选用、设备使用等方面进行分析，制订合理和优化的生产计划与作业计划，对原材料、辅料、在制品库存及时调整等，都可以达到降低生产成本的目的。

3. 压缩库存积压

在满足生产供应的前提下，合理调整原材料和备品备件的库存，及时采购入库，压缩库存积压，减少流动资金的占用；充分发挥生产计划和销售管理的作用，做好产销衔接的平衡工作，从而压缩成品库存。

4. 缩短生产周期

在市场竞争中，缩短产品生产周期，尽快交货和投放市场，是扩大市场份额的关键。

5. 提高工作效率和管理水平

计算机全面管理保证了数据的准确性，减少了繁重的统计报表的工作，能够及时向各级领导提供信息。共享数据库保证了整个企业数据的一致性，方便了各类人员不同要求的查询。

6. 扩展信息渠道，加快市场反应

我国企业已加快了走向市场的步伐，扩大了与外部的联系。获取外部的市场信息，进行及时的处理和分析，做出快速反应，可以获得显著的经济效益。

二、管理信息系统的开发

（一）信息系统开发的特点

系统开发的任务就是根据企业管理的战略目标、规模、性质等具体情况，从系统论的观点出发，运用系统工程的方法，为企业建立起计算机化的信息系统。信息系统开发具有如下特点：

1. 系统开发复杂性高

企业属于非确定型的复杂系统，同时，随着企业规模的扩大，系统的功能日益增强，也增加了系统的复杂性。此外，系统开发本身又是一项综合性技术，它涉及计算机科学、通信技术、数学等多种学科，具有知识密集的特点。同时，应用软件系统开发的各个阶段，都有大量人的参与和干涉，工作十分细致、复杂，容易出错。因而，系统一般都要耗费大量的人力、物力和时间资源，是一个复杂的系统问题。

2. 系统开发是一项创造性活动

信息系统建立的真正目的是给组织带来新的活力、新的功能和新的面貌，这里面有着无数的创新。不能用传统的思维方式来思考问题，进行系统的开发和设计，必须有创新、有突破。

3. 系统开发的质量要求高

系统开发的标准就是必须满足用户的需求，必须实现双方事先所商定的目标。这就要求所开发的系统必须是高质量的，必须经得起时间的考验。另外，信息系统是一个软件系统，软件产品是不允许有任何语法错误或语义错误的。

4. 产品是无形的

软件产品是存储在计算机系统之内的程序和数据，它们是无形的。

5. 历史短、经验不足

和其他的一些工业制品不同，软件的生产只有几十年的历史，经验不足，有关的开发技术与管理技术的研究还在进行中，特别是大型的软件生产。

（二）结构化系统开发方法

结构化系统开发方法是自顶而下的结构化方法、工程化的系统开发方法和生命周期方法的结合，是迄今为止开发方法中应用最普遍、最成熟的一种。

1. 结构化系统开发的思想

结构化系统开发的基本思想是用系统工程的思想和工程化的方法，按用户至上的原则，结构化、模块化、自顶而下地对系统进行分析与设计。具体来说，就是先将整个信息系统开发过程划分出若干个相对独立的阶段，如系统规划、系统分析、系统设计、系统实现等。在前三个阶段坚持自顶而下地对系统进行结构化划分。在系统调查或理顺管理业务时，应从最顶层的管理业务入手，先考虑系统整体的优化，然后再考虑局部的优化问题。在系统实施阶段，则应坚持自底向上地逐步实施。也就是说，组织人力从最基层的模块做起，然后按照系统设计的结构，将模块一个个拼接到一起进行调试，自底向上逐渐地构成整体系统。

2. 结构化系统开发方法的特点

结构化系统开发方法主要强调以下特点：

（1）自顶而下整体性的分析与设计和自底向上逐步实施的系统开发过程，即：在系统分析与设计时要从整体和全局考虑，要自顶而下地工作；而在系统实现时，则要根据设计的要求先编制一个个具体的功能模块，然后自底向上逐步实现整个系统。

（2）用户至上。用户的需求是研制工作的出发点和归宿，故在系统开发过程中要面向用户，充分了解用户的需求和愿望。

（3）深入的调查研究，即强调在设计系统之前，深入实际单位，详细地调查研究，努力弄清实际业务处理过程的每一个细节，然后分析研究，制订出科学合理的新系统设计方案。

（4）严格区分工作阶段。把整个开发过程划分为若干个工作阶段，每个阶段都有其明确的任务和目标。在实际开发过程中要求严格按照划分的工作阶段，一步步地开展工作，如遇到较小、较简单的问题，可跳过某些步骤，但不可打乱或颠倒。

（5）充分预料可能发生的变化。系统开发是一项耗费人力、财力、物力且周期很长的工作，一旦周围环境发生变化，都会直接影响到系统的开发工作，所以结构化开发方法强调在系统调查和分析时对将来可能发生的变化给予充分的重视，强调所设计的系统对环境的变化具有一定的适应能力。

三、信息系统维护的内容

（一）程序的维护

新系统的业务处理过程是通过运行程序来实现的，如果在运行系统的过程中，程序出现了问题、业务发生了变化或用户提出了新的需求，都需要对所使用的程序进行修改和调整。因此，系统维护的主要内容是对程序进行维护。

（二）数据的维护

数据是管理信息系统中的宝贵财富，数据的丰富和新鲜程度是管理信息系统好坏的重要指标，也是决定性的指标。数据要不断更新和补充，数据库文件的结构也必须得到有效的维护。在当前激烈的竞争中，企业的生存环境不断变化，为了适应这种变化，企业要不断地改变经营策略，调整业务处理过程。当业务处理过程发生变化时，需要重新建立相应的数据文件，或修改现有文件的结构，这些是数据维护的主要内容。

（三）代码的维护

随着系统应用环境的变化和应用范围的扩大，系统中的各种代码都需要进行一定程度的增加、修改和删除，需要设置新的代码体系。代码维护工作中，最困难的工作是如何使新代码得到贯彻。因此，各个部门要有专人来负责代码管理工作。

(四) 设备的维护

设备的维护主要包括计算机系统、计算机配套设备的日常管理和维护。一旦机器发生故障，要有专门人员进行修理，保障系统的正常运行。另外，随着业务的不断扩展，有时还要对硬件设备进行调整和补充。

四、信息系统维护的类型和管理

(一) 系统维护的类型

系统维护的主要工作是对程序的维护。由于对程序维护的原因、要求和性质不同，维护工作分为四种，即纠错性维护、适应性维护、完善性维护和预防性维护。

1. 纠错性维护

系统测试不可能发现系统中存在的所有问题，因此，在系统投入使用后的实际运行过程中，系统内隐藏的错误就有可能暴露出来，诊断和修正这些错误，是纠错性维护的主要工作内容。

2. 适应性维护

这是为了适应外界环境的变化而增加或修改系统部分功能的维护。由于计算机科学技术的迅速发展，必然要求管理信息系统能够适应新的软硬件环境，以提高系统的性能和运行效率。此外，管理信息系统的应用对象也在不断发生变化，机构的调整、管理体制的改变、数据与信息需求的变更，这也要求管理信息系统去适应各方面的变化，以满足用户的实际需求。

3. 完善性维护

这是为改善系统功能或适应用户需要而增加新的功能的维护。在使用系统的过程中，用户往往要求扩充原有系统的功能，提高其性能，如增加数据输出的图形方式、增加在线帮助功能、调整用户界面等。

4. 预防性维护

系统维护工作不应总是被动地等待用户提出要求后才进行，应进行主动的预防性维护，即选择那些还有较长使用寿命、目前尚能正常运行但可能将要发生变化或调整的系统维护，目的是通过预防性维护为未来的修改与调整奠定更好的基础。

根据以往维护工作的统计，在这四种维护工作中，一般纠错性维护占整个维护工作的21%，适应性维护占25%，完善性维护占50%，而预防性维护及其他类型的维护仅占4%。可见，在系统维护工作中，一半的维护工作是完善性维护。

（二）系统维护的管理

在系统维护的工作中，特别是在进行程序维护、数据维护和代码维护时，由于系统各功能模块之间的耦合关系，可能会出现"牵一发而动全身"的问题。

因此，维护工作一定要特别慎重。

1. 提出修改要求

由系统操作人员或某业务部门的负责人根据系统运行中发现的问题，向系统主管领导提出具体项目工作的修改申请。

2. 报送领导批准

系统主管人员在进行一定的调查后，根据系统目前的运行情况和工作人员的工作情况，考虑这种修改是否必要、是否可行，并做出是否进行这项修改工作、何时进行修改的明确批复。

3. 分配维护任务

维护工作得到领导批准后，系统主管人员就可以向程序人员或系统硬件维护人员下达维护任务，并制订出维护工作的计划，明确要求、完成期限和复审标准等。

4. 实施维护内容

程序员和系统硬件维护人员接到维护任务后，按照维护的工作计划和要求，在规定的期限内实施维护工作。

5. 验收维护成果

由系统主管人员对修改部分进行测试和验收。若通过了验收，由验收小组撰写验收报告，并将该修改的部分嵌入系统中，取代原来相应的部分。

6. 登记修改情况

登记所做的修改，作为新的版本通报用户和操作人员，说明新的功能和修改的地方，使他们尽快地熟悉并更好地使用修改后的系统。

第二节 现代企业管理沟通形式及模式方法

一、现代企业管理沟通

管理是引导群体和自己一起完成组织目标的过程。沟通是管理的神经系统。沟通实际上渗透于各个管理职能的形式之中,不懂得沟通就无法管理。

（一）沟通与沟通过程

1. 沟通

沟通,即信息交流,是指将某一信息传递给客体或对象,以期得到客体或对象做出相应反应的过程。在企业中管理沟通一般在如下范畴内进行：

（1）人与人之间的交流。例如,管理者或下属发出情报,通过联络人员进行组织编排、整理,然后传递给管理者或下属。

（2）人与机器之间的交流。例如,将各种情况通过人或其他手段,把人的语言变成机器语言,使机器接收并执行。

（3）组织与组织之间的沟通。例如,营销公司与技术研发部门就客户需求和新产品开发所进行的信息交流。

2. 沟通过程

沟通是一个复杂的过程,任何的沟通都是发送者将信息传递到接收者的过程,其中发送信息的内容可以多种多样,如想法、观点、资料等。沟通的过程可以分解成以下步骤：

（1）发送者发出信息

信息发送者出于某种原因,希望接收者了解某个信息,发送者明确自己要进行沟通的内容。

（2）编码

发送者将这些信息译成接收者能够理解的一系列符号,如语言、文字、图表、照片、手势等。要发出的信息只有经过编码才能传递。

（3）媒体（信息传递）

通过某种通道将信息传递给接收者,由于选择编码的方式不同,传递的方式也不同。

传递的方式可以是书面的，也可以是口头的，甚至还可以通过形体动作来表达。

(4) 解码

接收者将通道中加载的信息翻译成为他能够理解的形式。解码的过程包括接收、译码和理解三个环节。

(5) 反馈

接收者将其理解的信息编码，再返送回发送者；发送者对反馈信息加以解码、核实并做出必要的修正。反馈的过程只是信息沟通的逆过程，它也包括了信息沟通过程的发出信息、编码、传递信息、解码和再反馈。反馈构成了信息的双向沟通。

(二) 管理沟通的目的和作用

1. 管理沟通的目的

组织中沟通联络的目的是促进变革，即按有利于组织的方向左右组织的行动。由于组织规模的不同和社会环境的变化，不同类型和不同规模的组织对联络的着重点有所不同。

2. 管理沟通的作用

管理沟通具有以下作用：

第一，使组织中的人们认清形势。"认清形势"在这里是指给明智的行动提供必要的情报，如在开始向所有新来的人员介绍他们所处的物质环境和人员情况时，更重要的是简单介绍当前和长远的组织活动情况。显然，一个人对自己的工作和工作环境知道得越多，就能工作得越好。

第二，使决策更加合理和有效。任何组织机构的决策过程，都是把情报信息转变为行动的过程。准确可靠而迅速地收集、处理、传递和使用情报信息是决策的基础。为决策目的所需的信息流同组织层次有着密切的关系。信息是由基层一级一级向上传输，并传输到最高主管部门。最高主管部门对收到的信息进行总结归纳，并用来进行决策。在决策过程中，信息的上下传输需要考虑传输的时间、范围和方法。事实证明，许多决策的失误是由于信息资料不全、沟通不畅造成的。因此，没有沟通就不可能有科学有效的决策。

第三，稳定员工思想，统一组织行动。当组织内做出某项决策或制定某项新的政策时，由于个体的地位、利益和能力的不同，对决策和制度的理解和执行的意愿也不同，这就需要互相交流意见，统一思想认识，自觉地协调个体的工作活动，以保证组织目标的实现。因此，沟通可以明确组织内员工做什么、如何来做、没有达到标准时应如何改进等问题。可以说没有沟通就不可能有协调一致的行动，也就不可能实现组织的目标。

第四，沟通是组织与外部环境之间建立联系的桥梁。组织的生存和发展必然要与社会、顾客、供应商、竞争者等发生各种各样的联系。组织要按照客观规律和市场的变化要求调整产品结构、遵纪守法、担负社会责任、与供应商合作，并且在市场竞争的环境中获得优势，这使得组织不得不与外部环境进行有效的沟通。由于外部环境永远处于变化之中，因此，组织为了生存和发展就必须适应变化，不断地与外界保持持久的沟通。

二、现代企业管理沟通的形式

（一）正式沟通与非正式沟通

1. 正式沟通

正式沟通就是通过组织明文规定的渠道进行信息传递和交流。例如，组织规定的汇报制度、定期或不定期的会议制度，以及上级的指示按组织系统逐级下达，或下级的情况逐级上报等。正式沟通的优点有：正规、严肃、富有权威性；参与沟通的人员普遍具有较强的责任感和义务感，从而易保持所沟通信息的准确性及保密性。

2. 非正式沟通

非正式沟通是在正式沟通渠道之外进行的信息传递或交流，如组织中员工私下交换意见，议论某人某事等。现代管理中很重视研究非正式沟通。因为人们的真实思想和动机往往是在非正式的沟通中表露出来的。典型的非正式沟通形式是小道消息，传播着各种各样的观点、猜想、疑问等，这些内容都是员工所关心的和他们自身有关的信息。组织内的传言体系由一些非正式沟通网络在许多点上相互覆盖、相互交错而组成，有些消息灵通人士可能属于不止一个非正式沟通网络。传言产生于权力体系的周围，它能把各个方向——水平方向、垂直方向和斜线方向的组织成员等联系起来。

与正式沟通相比，非正式沟通具有信息交流速度快、效率较高、能够满足员工情感需要和不确定性等特点，但也伴随着随意性强、信息扭曲和失真可能性大等问题。

（二）纵向沟通和横向沟通

1. 纵向沟通

纵向沟通有上行沟通和下行沟通两种形式。

上行沟通是沟通信息从组织的底层向较高管理层流动的过程，通常包括进度报告、建议、解释以及关于支援和决策方面的请求等。上行沟通是下级的意见、信息向上级的反映。管理者应鼓励下属积极向上反映意见和情况，只有上行沟通渠道通畅，管理者才能掌握全面的情况，做出符合实际的决策。通过上行沟通，员工有机会向上反映问题，管理者也可以准确地了解下属的情况，就此减轻员工的挫折感，增强参与意识，提高士气。

下行沟通是组织中的上层领导按领导系统从上而下的情报沟通。下行沟通是信息从组织的最高管理层开始，通过各个管理层次向下流动的过程。下行沟通的主要内容可以是建议、指导、通知、命令、员工业绩评价等，沟通的目的是把组织目标和政策提供给员工。管理者把组织目标、规章制度、工作程序等向下传达，这是保证组织工作进行的重要沟通形式。

2. 横向沟通

横向沟通即平行沟通，是指组织中各平行部门或人员之间的信息交流，包括一个部门的人员与其他部门的上级、下级或同级人员之间的直接沟通。横向沟通经常发生于工作群体内部成员之间、两个工作群体之间、不同部门的成员之间以及直线部门和参谋部门的员工之间等。横向沟通的主要宗旨在于为组织协调与合作提供一条直接的渠道。横向沟通能够促进组织内不同部门间的信息共享、相互协作；有助于消除组织内部的冲突；通过朋友和同事间的交流，横向沟通产生社会和情感的支撑。因此，横向沟通克服了纵向沟通中信息流动过于缓慢的弊端，减轻了管理者的沟通负担。它能够帮助员工提高士气和效率，增强员工的满意度。

（三）口头沟通和书面沟通

1. 口头沟通

口头沟通是指人们之间的言谈交流，可以通过别人打听、询问其他人，也可以委托他人向第三者传达自己的意见等。书面沟通则是用图、文的表现形式来联络沟通。口头沟通的优点是：具有迅速和充分交换意见的潜力，能够当面提出或回答问题。说话者必须与听话者接触，而且他们必须设法相互了解。

2. 书面沟通

书面沟通一般比较正式，可以长期保存，接收者则可以反复阅读。书面沟通更具有准确性、正式性，并易于广泛传播。但是，虽然用书面形式沟通，使人们有可能去仔细推敲，但也不一定能达到预期效果。写得不好的书面信息，往往随后需要用很多书面和口头的情报来澄清。这既增加了情报沟通费用，也引起了混乱。

（四）组织间沟通与含蓄形式沟通

1. 组织间的沟通

组织间的沟通是组织同其利益相关者进行的有利于实现各自组织目标的信息交流和传递的过程。组织间沟通的宗旨是充分利用环境的各种资源，协调各方利益，实现组织共同的可持续发展。

2. 用含蓄的形式进行沟通

用含蓄的形式，就是用某些重要方法来沟通，如说话声调、语气、面部表情、手势或比喻等。这种形式往往被人忽视或不被注意。下级人员常常十分注意观察其上级的表情或姿态，即所谓"察言观色"，因为它表明上级所想的哪些是重要的，哪些会影响上级对自己的印象等。

三、现代企业管理沟通的模式

（一）链式和 Y 式

1. 链式

链式信息在沟通成员间进行单线、顺序传递，形成如链条状的沟通网络形态。在这种单线串联连接的沟通网络中，成员之间的联系面很窄，平均满意度较低。信息经层层传递、筛选，容易失真。在现实组织中，严格按直线职权关系的指挥链系统在各级管理者间逐级进行的信息传递就是链式沟通网络应用的实例。

2. Y 式

Y 式是轮式与链式相结合的纵向沟通网络。与轮式网络一样，Y 式网络中也有一个成员位于沟通网络的中心，成为网络中因拥有信息而具有权威感和满足感的人。此网络中组织成员的士气比较低，同时，与轮式网络相比较，因为增加了中间的过滤和中转环节，容易导致信息曲解或失真，因此，沟通的准确性也会受到影响。现实中经常看到的是倒 Y 式网络形态。比如，主管、秘书和几位下属构成的倒 Y 式网络，就是秘书处于沟通网络中心地位的一个实例，由此不难理解为何秘书、助理人物的职位并不高却常拥有非常大的权力。

（二）轮式、环式及全通道式

1. 轮式

这种网络中的信息是经由中心人物而向周围多线传递的。此网络中只有领导人物是各种信息的汇集点与传递点，其他成员之间没有相互的交流关系，所有信息都是通过他们共同的领导人进行交流的，因此，信息沟通准确度很高，解决问题的速度快，管理者的控制力强，但其他成员的满意度低，领导者可能面临着信息超载的负担。一般地说，轮式网络适合于组织接受紧急任务，需要进行严密控制，同时又要争取时间和速度的情形。

2. 环式

环式网络可以被看作是将链式形态下两个头沟通环节相连接而形成的一种封闭式结构，表示组织所有成员间都不分彼此地依次联系和传递信息。环式网络中的每个人都可同时与两侧的人沟通信息，因此大家地位平等。环式沟通网络的组织，集中化程度比较低，具有较高的满意度。但由于沟通的渠道窄、环节多，信息沟通的速度和准确性都难以保证。

3. 全通道式

这是一个全方位开放式的沟通网络系统，所有成员之间都能进行相互的不受限制的信息沟通与联系。采取这种沟通网络的组织，集中化程度低，成员地位差异小，所以有利于提高成员士气和培养合作精神。同时，这种网络中没有一个统领信息的核心人物，具有宽阔的信息沟通渠道，成员可以直接、自由而充分地发表意见，有利于提高沟通的准确性。但由于这种网络沟通的渠道太多，易造成混乱，沟通过程通常费时，从而影响工作的效率。

四、现代企业管理沟通的方法

管理沟通的方法是多种多样的，即使包括发布指示、会议制度、个别交谈，建立沟通网络，也不能全部概括。同其他职能运用各种方法一样，管理沟通的方法也是因地制宜、因人而定的。

（一）发布指示

在指导下级工作时，指示是很重要的。指示可使一个活动开始、更改或制止，是使一个组织生机勃勃或者解体的因素。

指示作为一个领导的方法，可理解为上级的训令，要求下级在一定的环境下工作或停止工作。它隐含着从上级到下级的直线指挥人员之间的关系，这种关系是不能反过来的。指示的另一个含义是：指示的内容应该和实现组织的目标密切关联。同时，指示的定义含有强制性的意思。如果下级拒绝执行或不恰当地执行指示，而上级管理者又不能对此使用制裁办法，那么他今后的指示可能失去作用，他的地位将难以维持。为了避免这种情况的出现，可以在指示发布前听到各方面意见，对下级进行训导，或者把下级尽可能地安排到另一个部门去工作。

(二) 会议制度

采用开会的方法，就是提供交流的场所和机会。会议的作用表现在以下方面：

(1) 会议是整个组织活动（包括社会活动）的一个重要反映，也是与会者在组织中的身份、影响和地位，以及所起作用等的表现。会议中的信息交流能在人们的心理上产生影响。

(2) 会议可集思广益。与会者在意见交流之后，就会产生一种共同的见解、价值观念和行动指导。这种见解的共同组合不仅使每个与会成员能更好地分工合作，而且会使彼此的联系更紧密。

(3) 会议不仅能使人们彼此了解共同的目标，还可以了解自己的工作与他人工作的关系，可使每个成员更好地选择自己的工作目标，明确自己怎样才能为组织做出贡献。

(4) 通过会议，可以对每一位与会者产生一种约束力。譬如，一位与会者本来反对某一提案，可是通过会议做出决议之后，他就只能服从。当然，有的成员虽然反对某提案，其主要原因是没有听取他的意见，一旦请他讨论，倾听他的意见之后，他也会欣然投赞成票，从而自愿服从。

(5) 通过会议，能发现人们所未注意到的问题，并对其加以认真考虑和研究。会议的类型根据所要达到的目的和参加人员的不同而定，如工作汇报会、专题讨论会、员工座谈会等。必须强调的是，虽然会议是管理者进行沟通的重要方法，但绝不能完全依赖这种方法。利用这个方法时，必须讲究实效，减少"会议成本"，避免"文山会海"。这是管理者必须掌握的原则。

(三) 个别交谈

个别交谈就是指领导者用正式的或非正式的形式，在组织内或组织外，同下属或同级人员进行个别交谈，征询谈话对象对组织中存在的问题和缺陷的看法，对别人或别的上级，包括对管理者自己（谈话者）的意见。这种形式大部分都是建立在相互信任的基础上，不受任何约束，双方都感到有亲切感。这对双方统一思想、认清目标、体会各自的责任和义务都有很大的好处。在这种情况下，人们往往愿意表露真实思想，提出不便在会议场合提出的问题，从而使领导能掌握下属的思想动态，在认识、见解、信心诸多方面容易取得一致。

第三节　现代企业管理的有效沟通

一、有效沟通的基本要求

（一）传递迅速

及时沟通是指沟通双方要在尽可能短的时间里进行沟通，并使信息发生效用。为此要做到：

1. 传送及时

在信息传递过程中，尽量减少中间环节，避免信息的过滤，使信息最快到达接收者手中。

2. 反馈及时

接收者接收信息后，应及时反馈，这有利于发送者修正信息。

3. 利用及时

信息具有较强的实效性，因而要求双方及时利用信息，避免信息过期无效。

（二）表达清楚

表达不清楚、不准确往往会铸成大错。任何人发送情报，都应该遵循明确的原则，使接收者容易理解，而力求避免措辞不当、文字松散、思想表达不严密、中心思想不清楚、千篇一律或使用难懂的方言，以及不能理解或造成错觉的比喻、手势等。不然要纠正由此产生的错误结果往往需要花费高昂的代价，需要做许多本来不必做的解释工作。

（三）传递准确

按照不失真的原则采取行动，则能取得预期效果。失真的信息，往往会对接收者产生误导。处于组织沟通中心的管理者，起着接收和传递信息的作用。他们要接收从上级、同级和下级送来的各种情报，然后再把这些情报改编成适合他的上级、同级或下级各自熟悉的语言，向他们传递。这种改编是力求接收者能够理解，但是，不能因此而使情报"失真"。所以组织规模不同，进行沟通的形式也要随机掌握。

（四）避免过早评价

下级管理者位于情报沟通的中心，所以应当鼓励他们为起到这个中心的作用而运用他们的职权和权力。

（五）消除下级人员的顾虑

要做好情报工作必须依靠下级，而下级经常发生对情报选择不当、对事实叙述不全面甚至报喜不报忧或全面遗漏的情况。其原因或者是他们真的认为某些情报不太重要，不足以向上级汇报——这是个判断的问题，更多的情况则是他们害怕向上级说出真正情况的后果，因而有意把上级领导引向错误的方向。

二、沟通障碍及其排除

（一）沟通中常见的问题与障碍

企业管理中常出现沟通问题的原因主要有：组织缺乏明确的沟通政策、管理中的极权主义、组织权责划分不当、内部管理层次过多、沟通者个性与心理障碍、沟通者沟通技能不佳和管理者缺乏公关意识等。管理沟通是一个系统问题，在分析企业沟通障碍时，应进行系统的诊断。沟通政策、组织结构的问题一般要列到组织战略中去解决，而沟通技能技巧和个性心理的问题则是需要日常不断培养的。沟通中可能出现的一些策略性、技能性障碍，主要表现在以下方面：

1. 语言文化障碍

语言障碍是指语言表达不清、使用不当，造成理解上的困难或产生歧义。有时即使是同样的字眼，对不同的人而言，也有不同的含义。年龄、受教育程度、职业职位、文化背景等是较明显的因素，会影响到人们对语言的使用以及对其内涵的理解。

2. 心理障碍

心理障碍是指个性特征和个性倾向所造成的沟通困难。人的行为是受其动机、心理状态影响的，现实的沟通活动常为人的态度、个性、情绪等心理因素所影响，有时这些心理因素会成为沟通中的障碍。例如，个人与个人之间、组织与组织之间、个人与组织之间，由于需要和动机的不同，兴趣与爱好的差异，都会造成人们对同一信息的不同理解。

3. 过滤的障碍

过滤是指信息发送者有意操作信息，以使信息显得对接收者更为有利。

4. 时间压力的障碍

如果信息接收者只有很短的时间理解接收的信息，就可能误会或忽视其中的一部分信息。管理者有时间的压力，因为决策是有时间限制的，而时间压力会造成沟通障碍。当事情或问题需要迅速判断和处理时，正式的沟通层次就会减少，就会造成信息量的不足和不及时；有时候因为时间紧急，会导致信息传达不完整或模糊不清。

5. 信息过多的障碍

管理者所接收的信息来自四面八方，因为缺乏对信息的系统管理，管理者对大量的信息一时无法掌握其精华，选出最重要的信息。

6. 角色、地位的障碍

由于每个人在组织中的位置不同，导致自我认知和感觉差异，或者由于对员工与管理者之间地位差别的过分强调，都会使下级明显感到地位差别，从而加深沟通中的鸿沟。此外，如果机构设置不当，造成一些部门岗位独立或权力过重的现象，使其成员游离于集体之外或优越感过强，也会造成沟通地位的失衡和态度的改变。

（二）促进有效沟通的策略

1. 要认真准备和明确目的

沟通者在沟通前要先对沟通的内容有正确、清晰的理解，明确沟通要解决什么问题，达到什么目的。重要的沟通最好事先征求他人的意见。此外，沟通不仅是下达命令、宣布政策和规定，也是为了统一思想、协调行动。所以，沟通之前应对问题的背景、解决问题的方案及依据、决策的理由、对组织成员的要求等做到心中有数。

2. 传达有效信息

沟通的内容要有针对性，语意确切，尽量通俗化、具体化和数量化。一般一件事情对人有利，易被记忆。所以，管理人员如希望下级能记住要沟通的信息，表达时的措辞应尽量考虑到对方的利益和需要。

3. 及时反馈和跟踪

在沟通中及时获得和注意沟通反馈信息是非常重要的。沟通要及时了解对方对信息是否理解并愿意执行，特别是企业中的领导，更应善于听取下级报告，安排时间充分与下级人员联系，尽量消除上下级之间的地位隔阂及所造成的心理障碍，引导、鼓励和组织基层人员及时、准确地向上层领导反馈情况。

4. 增加沟通双方的信任度

沟通中要创造良好的沟通气氛，保持良好的沟通意向和认知感受，使沟通双方在沟通中始终保持亲密、信任的人际距离。

这样一方面可以维持沟通的进行，另一方面可以使沟通朝着正确的方向进行。

5. 改善组织结构

为了改善组织沟通效果，应尽量减少组织的结构层次，消除不必要的管理层，同时还应避免机构的重叠，增加沟通渠道，加强部门之间的联系，以加快信息的沟通速度，保证信息的准确和充分。

6. 创造支持性的沟通氛围

创造支持性的沟通氛围应注意的问题：第一，在支持性氛围中，沟通中少用评价性、判断性语言，多用描述性语言，也就是既介绍情况，又探询沟通情况；第二，沟通具有问题导向性，即表示愿意合作，与对方共同找出问题，一起寻找解决方案，绝不是企图控制和改造对方；第三，坦诚相待，设身处地为对方着想；第四，认同对方的问题和处境；第五，平等待人，谦虚谨慎；第六，不急于表态和下结论，保持灵活和实事求是的态度，鼓励对方反馈，耐心听取对方的说明和解释。

7. 创造沟通环境，善于非正式沟通

考虑沟通时的一切环境，包括实际的环境及人的环境等，在此基础上，适当地利用非正式沟通方式，使沟通顺利进行。

第四节　现代企业管理创新体系及管理

一、观念创新

观念创新是企业一切创新活动的前提。观念创新，是指形成能够比以前更好地适应环境的变化并更有效地利用资源的新概念或新构想的活动，它是以前所未有的、能充分反映并满足人们某种物质或情感需要的意念或构想，来创造价值的活动。管理者应该自觉进行观念创新，以适应迅速变化的企业内外环境。同时，观念创新是没有止境的，现在的新观念，经过几年之后可能就变成了老观念。因此，只有不断地进行观念创新，不断产生适应并领先时代发展的新思想、新观念，并具体落实在管理活动上，组织才能得到良好发展，否则，就会被无情的市场竞争所淘汰。从这个意义上来说，观念创新，是组织成功的导向，是其他各项创新的前提。

无论是企业家的观念创新还是企业经营观念的创新，都需要一定的前提条件，也都会存在着各种各样的风险。在观念创新的前提条件中，最核心的一条就是不断学习。观念创新要有充分的准备，它是一个充分积累、学习的过程。学习既包括对前人、别人的思想和经验的学习，也包括在主体本身实践中的思考和学习。

当前，"组织的学习"和"学习的组织"已成为热门话题。组织的学习，是指组织为适应环境变化和自身发展的需要，不断地吸收、处理外界信息，调整自己的生存结构、方式和内涵，以最大限度地形成面对环境的应变能力和面向未来的发展能力。组织的学习不是孤立地单指组织成员个体的学习，而是指组织作为整体，包括从体制、机制到群体组合在内的系统活动。个体的学习不是组织学习的全部要求内容，而是实现组织学习的途径和表现。组织的学习不等于单个成员学习的简单相加。学习的组织，是指已经形成有效学习机制的组织。

二、组织创新

组织创新是指随着生产的不断发展而产生的新的企业组织形式。组织是对资源的一种配置方式，包括对人力、物力与财力资源及其结构的稳定性安排。组织的基础是其目标的认同性，而这种认同必须建立在对其成员责、权、利关系的合理界定上。作为资源配置的另一种基本形式，市场是具有不同目的的个体之间进行各种交易的协作体系，这种协作是一种相互有利的过程，能使各个体更好地实现各自的目的。由于组织具有相对的刚性，而市场富有较大的弹性，两者彼消此长，因此无论是怎样的经济制度，要想有效地开发利用资源，都无法单独依赖组织或者市场作为其配置资源的唯一方式。由于在不同的经济发展阶段对资源配置的要求不同，因而合理地选择和安排好两者的主次和轻重关系，对推动经济进一步发展有决定性的作用。

由于组织与市场的资源配置性质迥异，因此创新往往意味着资源组合方式的改变，并在组织与市场中表现出不同特征。组织形态的演变，由家庭的"纵向一体化"到分料到户制,到工场作坊,到简单的工厂制,到合股企业、股份企业,以及股份企业的横向一体化即法人互相持股,都是企业组织创新的结果。组织创新的类型有三种:市场交易型(A型)、行政指令型(B型)和混合型(AB型,指市场交易型与行政指令型相结合)。A型组织的创新主要依靠个体利益的诱导,当个体认为参加新的组织能大于他之前所得利益时,A型组织创新就会出现;B型创新主要依靠权力的驱动,当权力上层重构组织能实现整体的新目标或使目标更好地实现时,B型创新就会出现;AB型创新介乎其中,它广泛存在于组织与市场共存的相互作用体系中。

创设一个新的组织体系并使之有效地运转是组织创新的主要任务。组织是企业管理活动及其他活动有序化的支撑体系。一项组织创新如果不能有效地实施与运转,则不是实实在在的创新。组织创新主要包括三大领域:企业制度创新、组织机构创新与管理制度创新。

(一)企业制度创新

企业制度创新,是指随着生产的不断发展而创立新的企业组织形式。强调制度建设与制度创新不是说人不重要,强调以人为本的管理也不等于制度不重要。恰恰相反,人本管理需要在科学的制度前提下来发挥人的作用。没有经过严格制度管理的过程,一开始就实行人本管理是不可行的。人与制度的关系是管理中的一个难题,往往强调人的时候忽略了制度,而强调制度时又把人捆得死死的,这一点需要特别关注。

(二)组织机构创新

在组织结构创新过程中,组织结构与外在环境的关系必须受到重视,原因在于组织的生存、发展与创新要依赖外在环境的支持。组织必须顺应环境的变化进行各种必要的自我调整,适时变革自身的结构。

要想顺应环境的变化,就必须能够预见到环境的变化。如果环境总是在动荡变化之中,则组织必须保持高度敏感,随时根据环境的变化,迅速做出反应,调整相应组织结构。当然,环境与结构的关系不是绝对的。组织本身对环境变化的消化能力也是适应环境的另一种力量,而不一定必须通过结构变化来实现。因此,组织结构不可能是一成不变的东西,而是一个柔性的有学习能力的有机体。如何从过去刚性的组织状态转变为柔性的组织状态,是组织结构创新的一个重要方面。最传统的组织结构形式是管理者位居组织的顶点,统辖管理部下。职能取向一旦提高,组织形式便改成以管理者为中心点,统率周围具有专业职能的部下。如果是职能横向式的取向加强的话，管理者的位置又会变成小组成员与其他人一起工作，组织向着半自主管理的形式转变。若再变成流程取向的话，就需要形成没有管理者的自主管理型组织。在这种组织里，强调的是自我管理。当然，还需要整合小组的领导角色，以轮换的方式让全体组员轮流担任领导者，管理者改为顾问性质而存在。这就是现代组织机构形式演变的基本过程。

（三）管理制度创新

管理制度是企业确立的各种资源整合的行为规范。管理制度创新的目的是更有效地整合资源。管理制度的创新是一个系统工程，一环紧扣一环，环环相关。制度创新的过程是一个持续化的过程，需要反复修改才能逐步趋于完善。

三、技术创新和市场创新

（一）技术创新

技术创新是指一种新的生产方式的引入。这种新方式可以是建立在一种新的科学发现的基础之上，也可以是以获利为目的经营某种商品的新方法，还可以是工序、工艺的创新。新的生产方式，具体地是指企业从投入品到产出品的整个物质生产过程中所发生的"突变"。这种突变与在循环流转的轨道中年复一年地同质流动或同步骤的调整不同，它既包括原材料、能源、设备、产品等硬件创新，也包括工艺程序设计、操作方法改进等软件创新。

（二）市场创新

伴随着新技术的出现和新产品的开发，必然带来企业对新的市场的开拓和占领，继而引起市场结构的新变动和市场机制的创新问题。市场创新是指企业从微观的角度促进市场构成的变动和市场机制的创造以及伴随新产品的开发对新市场的开拓、占领，从而满足新需求的行为。

第一，着重于市场开拓。与技术创新不同，市场创新不以追求技术的先进性、产品的精美性为目标，而以开拓新的市场、创造新的需求、提供新的满意为宗旨。能否满足消费者的需求是能否开拓新市场的关键。

第二，市场创新与市场营销不同，不以巩固已有市场份额、提高既有市场占有率为满足,而是把着眼点放在开拓新领域、创造新市场上。

第三,市场创新具有主动进取性。市场创新强调主动进攻,即在企业产品市场形势尚好的情况下,有计划、有系统地革除陈旧的、过时的技术或产品,开发新产品,开辟新市场,而不是等待竞争者来做。

第四,市场创新具有时效性。一次创新能否成功,很大程度上取决于它投入市场的时机。过早地投入市场,由于尚未消除产品的本身缺陷,或其维修备件尚未备足,或是在市场还没有为某次创新做好准备时,过早投入市场会导致惨重的失败。因此,尽早投入新产品,必须有个限度,即拿到市场去的产品必须在质量上基本过关,并具有新颖性能,从而能使之在市场上处于有利的地位。同样,一味追求新产品的最后一点完美性,而过晚地投入市场,也往往贻误战机,导致前功尽弃,丧失早一点推出产品所能得到的更多的市场。

第五,市场创新无止境。以低价格赢得市场份额,靠营销技巧来增加销售,无论是手段还是前景都是有限的,要受到最低成本、效益以及现有市场空间的局限。而市场创新却具有无限前景,从需求角度看,市场需求的多样性、多层次性和发展性,为市场创新提供了无限可能性;从供给角度看,技术进步是无止境的,任何产品质量、性能、规格都是相对的,质量到顶的产品或服务是不存在的。

四、管理创新的动因

由于人的偏好、技术、产品、市场等变动的永恒性质,与这些因素相关的管理方式方法的效率只能在相对意义上理解。换言之,一旦引入时间概念,就不存在一成不变的最佳的、最有效率的管理。这就要求企业不断地追求更加卓越的管理,而这只能通过管理创新才能实现。

管理创新的动因是指企业进行管理创新的动力来源。按照管理创新的来源,可将管理创新的动因划分为两类:其一是管理创新的外在动因;其二是管理创新的内在动因。

(一) 外在动因

管理创新的外在动因是指创新主体(企业家)创新行为所面临的外部环境的变动。

1. 经济体制环境的变动

经济体制环境是指一系列用来建立生产、交换与分配基础的基本的政治、社会和法律基础规则体系,如产权、合约权利等。回顾传统计划经济体制下,企业是政府的附属物,企业的生产经营活动都是由上级主管部门决定的,产品统购包销、财政统收统支、工资统一标准。所谓的管理只是如何更好地执行上级的指令，企业缺乏管理创新的激情。现代企业制度的建立，使企业成为自主经营、自负盈亏的市场经济主体。企业进行管理创新的成本、收益都由企业自己承担，这就从产权角度促使企业积极从事管理创新，获取更大的收益。

2. 技术的改变

技术的改变对企业的生产经营活动存在普遍的影响。技术变化可能影响企业资源的获取，生产设备和产品的技术水平；技术进步使企业产出在相当大的范围内发生了规模报酬递增，从而使建立更复杂的企业组织形式变得有利可图。技术创新还降低了生产经营管理的成本，特别是计算机、图文传真、移动通信等信息技术的飞速发展，使适应信息化要求的管理创新成为必然。

3. 社会文化因素的影响

社会文化是一种环境因素，但由于社会文化以其无形的状态深入企业员工及企业的方方面面，故创新主体的主导意识、价值观必然受到其熏陶。在这样的条件下，创新目标、创新行为必然受到社会文化的影响。比如，文化与价值观念的转变，从而可能改变消费者的消费偏好或劳动者对工作及其报酬的态度；知识积累，教育体制的发展，导致了社会和技术信息的广泛传播。这些都减少了进行管理创新的组织、实施成本，促使企业积极创新。

4. 市场竞争的压力

市场可以促使企业进行管理创新。市场通过竞争，会给企业很大压力，迫使企业不断创新。这种竞争，不断鞭策企业改进管理方式方法，为管理创新提供动力。由于人的理性是有限的，客观环境是不确定的，管理创新不一定会成功，一旦失败会使企业发展受到影响。许多企业因创新风险而因循守旧，不敢创新。但创新也有巨大的吸引力，管理创新的成功，会使企业获得巨大收益。正是这种对收益的期望，诱使许多人进行创新。

5. 社会生产力发展的要求

表面上看管理创新是为了发展生产力，有效整合资源，似乎只对社会生产力有促进作用，但实际上社会生产力水平状况对管理创新也有促进作用。

(二) 内在动因

管理创新的内在动因是创新主体（企业家）创新行为发生和持续的内在动力和原因。

管理创新的内在动因并不是单一的,而是多元的。

(1) 创新心理需要。创新心理需求应该是人的需求的最高层次之一。创新心理需求是因创新主体对成就、自我价值、社会的责任、企业的责任等的一种追求而产生。而这些本身也是创新行为的动因。

(2) 自我价值实现。创新主体在创新行为之前或过程中,对自我价值实现的追求往往成为其动因之一,因为一旦成功可以表明创新主体自身价值的高低,也可以从中获得成就感,得到一种自我满足。

(3) 创新主体对收入报酬的追求的需要往往也是创新行为的动因之一。

(4) 责任感。责任感是创新主体的创新动因之一。责任感有两种,一是对社会的责任感,一是对企业的责任感。这两种责任感会使创新主体在思想意识中产生一种使命意识,促使创新主体坚持不懈地努力。

五、现代企业管理创新的基本要求

(一) 要具有创新意识

实施企业管理的创新,需要有一个创新主体,而且这一主体应具有创新意识。对一个创新主体而言,创新意识首先反映在其远见卓识上。这种远见卓识就是能够敏锐地判断企业与管理发展的大趋势,能够在现实的问题中找到关键性问题并能看到其背后的深层原因,能够结合本企业的特点提出、引进有价值的创意,作为创新的萌芽。

(二) 要具有创新能力

创新能力直接关系到创意能否实施并最终获得创新成果。因此,创新主体的创新能力就成为企业管理创新的必备条件之一。由于创新主体可以是个人也可以是一个群体,故创新能力在个人方面与某个人的天赋有很大关系,在群体方面则与群体中员工智能结构、员工的关系程度以及组织结构等密切相关。

(三) 要有良好的基础条件

现代企业中的基础管理主要指一般的最基本的管理工作,如基础数据、技术档案、统计记录、工作规则、工序流程安排、会计核算、岗位责任标准等。一个企业基础管理工作好,表明这个企业管理水平较高。管理创新通常是在基本管理较好的基础上实现的。

（四）要有良好的创新氛围

创新主体能够有创新意识，能有效发挥其创新能力，与拥有一个良好的创新氛围有关。在好的氛围下，人的思想活跃，不好的氛围则可能导致人的思想僵化、思路堵塞。

（五）要考虑本企业特点

管理创新并不是一种抽象的东西，而是十分具体的事件。现代企业之所以要进行管理上的创新，是为了更有效地整合本企业的资源以完成本企业的目标和责任。因此，这样的创新就不可能脱离本企业的特点。事实上，创新的成功正是由于这一创新本身抓住了特点。

（六）要明确创新目标

创新主体要进行创新，就必须有目标，这一目标就是管理创新目标。管理创新目标具体地说，是一次创新活动意欲达到的状态。具体的管理创新目标与具体的管理创新领域相一致。例如，创办连锁店式的商业服务形式与便利顾客、便利企业、争取效益的目标有关。而目标管理方法，则与寻找一个更好的控制与激励员工方法的目标相关。由于创新活动需要明确的创新目标，而创新活动本身固有的不确定性使确认创新目标是一件很困难的事，因此，现代企业对管理创新的目标确认多半带有弹性，以解决这一目标本身难以确认的问题。

第五节　现代企业竞争力的提升及创新实践

一、企业竞争力的含义与特点

（一）企业竞争力的含义

企业竞争力是一个复杂的综合概念，根据国内外学者的不同解释，可以归结如下：

第一，企业竞争力的"绩效"说。认为企业竞争力是指企业生产高质量、低成本的产品，竞争者更有效能和效率地满足消费者的需要。

第二，企业竞争力的"层次"说。认为企业竞争力是一个层次系统，可分三个层次：表层是企业竞争力大小的体现，表现为一系列竞争力衡量指标；中层是企业竞争优势的重要来源，决定竞争力衡量指标的分值；深层是企业竞争力深层次土壤和真正的源泉，决定企业竞争力的持久性。

第三，企业竞争力的"持续发展"说。认为企业竞争力是指企业在与其他企业的公开竞争中，使用人力和资金资源以使企业保持持续发展的能力。

第四，企业竞争力的"能力因素"说。认为企业的竞争力是由一系列能力构成的，包括：快速反应能力、产出加快能力和资源效果能力；或人才竞争能力、市场竞争能力、技术竞争能力。

第五，企业竞争力的"企业家能力"说。企业竞争力是企业和企业家设计、生产和销售产品和劳务的能力，其产品和劳务的价格和非价格的质量等比竞争对手具有更大的市场吸引力，是企业和企业家在适应、协调和驾驭外部环境的过程中成功地从事经营活动的能力。这种能力既产生于企业内部效率，又取决于国内、国际和部门的环境。具体说企业竞争力受以下四个层次的影响：一是企业内部效率，即企业以最佳方式配置资源的能力；二是国内环境或经济体制的状况，对企业竞争力具有决定性的影响；三是国际贸易和国际市场的状况影响企业竞争力的发挥；四是部门环境或行业环境竞争力的高低。

综观上述观点，虽然研究者们对企业竞争力的理解是多层次和多角度的，但有一个共同的看法就是认为企业竞争力是一种能力或能力体系，既包括静态能力，也包括动态能力，是一系列能力的综合体现。企业竞争力的大小受到一系列内外因素的影响，如果一个企业不能够对国内、国际和部门环境做出灵活反应，那也就无所谓竞争力；如果一国的经济体制和经济环境不能为企业提供或创造有利的环境，企业竞争力也无从谈起。因此，从本质上说，企业竞争力的高低取决于一国经济体制的设计、改革和经济政策的选择。

（二）企业竞争力的主要特征

根据企业竞争力的含义，其有如下特征：

（1）企业竞争力是一个能力系统，是企业运作过程中一系列能力的综合体现。

（2）企业竞争力是静态能力和动态能力的统一，既包括现实的实际能力，也包括不断持续改善和发展的能力。

（3）企业竞争力是一种比较能力，是在与其他企业的市场竞争中比较而获得的。

（4）企业竞争力是质与量的统一，是可以通过竞争力指标体系的统计数据来加以衡量比较的。

（5）企业竞争力是企业内部因素和外部因素综合作用的结果。

二、企业竞争力提升的战略选择

管理创新是企业提升竞争力的战略选择。从企业竞争力的分析上看，管理创新是企业竞争能力系统结构中的一项能力资源，而且也是企业竞争力提升的关键因素。管理创新与企业竞争力具有非常密切的关系，可以从两个方面进行分析。

（一）管理创新与企业经营、创新

1. 管理与企业经营活动的关系

管理是企业竞争能力体系中的一种能力资源，它在企业竞争力的产生、提升中具有不可忽视的重要作用。由于这种作用是间接的、深层次的，所以人们往往会忽视它的作用，而更重视的是技术、品牌、市场、资本等这些具有直接作用的资源能力。实质上管理是企业经营活动中的基础性工作，并且渗透到企业经营的其他活动中。

2. 管理创新与企业创新的关系

企业创新就是企业经营活动的创新，这是企业经营成功并不断发展、壮大的方法。企业创新的领域包括管理创新等。

企业在进行各种创新活动时，如果没有管理创新与之相适应，产品、技术、营销等创新活动就很难实施。因为，旧有的管理在制度、组织、机制、文化等方面不能与创新活动相适应，成为创新活动中的绊脚石，使创新活动难以顺利进行。企业的创新活动要以管理创新为基础，管理创新要为其他创新活动创造良好的制度环境和机制环境，同时通过其他创新活动的成功实施来体现管理创新的功效。

（二）管理创新对提升企业竞争力的效应

管理创新与企业的竞争力有着密切的关系，能够提升企业的竞争力。具体体现在以下几个方面：

1. 企业的收益提高效应

管理创新的目标是提高企业有限资源的配置效率。这一效率虽然可以在众多指标上得到反映，如资金周转速度加快、资源消耗减少、劳动生产效率提高等，但最终还要在经济效益指标上有所体现，即提高了企业的经济效益。一是提高目前的效益，二是提高未来的效益即企业的长远发展。管理中诸多方面的创新，对企业的目前效益和未来效益的提高都会起到极大的促进作用，增强企业的实力。

2. 企业的成本降低效应

企业管理创新能够推动企业的技术和制度的创新。新技术、新工艺、新流程的采用，加快了产品的生产速度，大大提高了劳动生产效率，降低单位产品的成本。新制度、新管理方法和方式的应用，改变了员工的工作态度和工作方法，降低了产品的废品率，节约了管理的费用以及交易费用。这些从整体上降低了企业的成本，增强了企业的价格竞争力。

3. 企业的市场开拓效应

管理创新若在市场营销方面进行创新，将帮助企业有力地拓展市场、展开竞争。企业在进行市场竞争和市场拓展时，会遇到众多的竞争对手，哪一个企业能够率先创新营销管理方案，并有效地实施，这个企业便能战胜竞争对手。企业在营销实践中，创新了许多新型的营销方式，如直面营销、顾客营销、连锁营销、关系营销、网络营销、电子商务营销等，这些方法都使企业扩大了市场占有率，增加了企业的资本收益，扩大了企业的资本规模，增强了企业的盈利竞争力和资本竞争力。

4. 企业的管理水平提高效应

企业的有序化、规范化是企业稳定与发展的重要力量，也是衡量一个企业管理水平高低的重要标准。实施管理创新就是不断地为企业提供更有效的管理方式、方法和手段，使企业的管理活动有序、规范和高效。当今时代是一个速度时代，不是大吃小，而是快吃慢。信息技术的应用，使管理操作程序规范化，同时加快了信息的收集、处理、传输，节省了时间，加快了速度，提高了企业的管理竞争力。

5. 企业的企业家创新效应

现代企业管理创新的直接成果之一就是形成了个新的职业企业家阶层，这一阶层的产生一方面使企业的管理处于专家的手中从而提高了企业资源的配置效率；另一方面，使企业的所有权和经营管理权发生分离，推动了企业的健康发展。不仅如此，企业家为了企业能够持续成长必然关注企业的创新，使自己成为管理创新的主体，还会带动企业员工创新，营造创新氛围，增强企业的创新竞争力。

6. 企业的文化渗透效应

企业文化管理是现代企业管理的重要方式，通过管理创新不断地形成先进的企业文化，促进企业员工形成新的价值观和行为方式。通过渗透和影响企业的战略制定、经营管理模式的设计、组织结构和运行制度的完善、人力资源开发与管理的优化等,发挥出企业文化的凝聚力、激励力、约束力、感染力、形象力和辐射力,提高企业竞争中的文化竞争力。

三、提升企业竞争力的作用机制

"机制"一词,原指机器、机械、机构的构造和工作原理,后来逐渐地应用于医学等方面,用来表示生命有机体的各个组织和器官如何有机地联系在一起,并通过表示它们各自的相互作用产生特定功能,从而维护生命有机体的正常活动。"机制"一词被引用到经济学中,用来研究市场活动与企业的经营管理活动。

企业竞争力的来源是企业的竞争优势,如果一个企业管理得非常有效率,就会获得竞争优势,有可能成功并成为高度竞争领域的领头羊。管理与管理创新的目的就是在成本、质量、速度和创新方面分析、发现、构建、保持和提升企业的竞争优势,其作用是通过管理功能的发挥及创新来实现的,作用机制主要是由战略管理、组织结构管理、人力资源管理、管理控制活动和企业文化来构成的。下面以战略管理和组织结构为例进行阐述。

(一)战略管理

企业要取得市场竞争主动权,赢得竞争优势,就必须根据国家的产业政策、宏观经济发展规划、世界经济技术发展趋势和市场竞争状况、企业内部资源等,制定富有远见、切实可行的发展战略目标,实施战略管理,以便对市场的不确定性做出快速灵敏的反应。

战略是为达到企业组织的目标而采取的行动方式和资源配置。战略管理就是将企业组织的技能和资源与外部环境和机遇匹配,进行决策和实施,达到获取竞争优势的管理。战略管理集中于企业经营活动的方方面面,针对多变的环境,着眼于未来,具有全局性、长远性、创新性和风险性等特点。

对企业的竞争优势实施战略管理,其过程包括六个组成部分:

1. 确定宗旨、远景、目标

就是确定企业组织基本的经营目的和价值取向,描述企业前进的方向和企业的最终目标,并将企业的宗旨、远景和目标传递到与企业有关的每一个人,实现认同,增强企业的凝聚力。

2. 外部机遇与威胁的分析

这是对企业的外部环境进行分析,包括宏观经济分析、行业和市场分析、竞争者分析、政府和监管分析、社会分析、人力资源分析、技术分析等。通过对外部环境的分析，发现企业的市场机会和潜在的威胁，确定企业在市场竞争中的战略定位，将威胁转变成机遇。

3. 内部优势和劣势的分析

这是对企业内部主要职能部门及资源的优势和劣势进行评价。内部分析使战略决策者对企业的技术储备、资源储备和职能储备部门的运营水平有全面的了解。企业内部资源分析，包括研究与开发、财务、人力资源、生产运作、市场营销等。有效的内部分析可以使企业弄清自己的优势和劣势，弄清企业如何通过资源进行竞争。只有在一定条件下，资源才能成为竞争优势的源泉。如果资源成为为客户创造价值的工具，那么，资源就带来了竞争优势；如果资源稀缺且难以模仿，则是竞争优势的源泉；如果资源被有效地组织在一起，就能增强企业的竞争优势。如果资源是有价值的、稀缺的、不可模仿的和有组织的，它们就可以被看作企业的核心能力。企业拥有了核心能力，也就拥有了竞争力。

4. SWOT 分析与战略形成

SWOT 分析是指对企业的优势（Strengths）、劣势（Weaknesses）、机遇（Opportunities）和威胁（Threats）的比较。SWOT 分析是帮助管理者概括主要的事实，并在企业外部和内部分析的基础上进行预测。在此基础上，管理者认识到企业面临的主要和次要问题，进行最适合的战略选择。可供选择的战略有成本领先战略、差别化战略、目标集聚战略。成本领先的优势在于有利于建立起行业壁垒，有利于企业采取灵活的定价策略，将竞争对手排挤出市场；差别化战略就是利用企业具有的独特性，建立起差别竞争优势，以对抗竞争对手，并利用这种优势所带来的较高的边际利润补偿因追求差别化而增加的成本，保持企业有利的竞争地位；目标集聚战略是主攻某个特殊的细分市场或某一种特殊的产品，其优势就是能够以更高的效率、更好的效果为某一狭窄的战略对象服务，从而在某一方面或某一点上超过那些有较宽业务范围的竞争对手。企业应以核心能力为基础进行最适合的战略选择。

5. 战略实施

企业选择、制定了合适的战略后，最重要的是管理者必须保证战略的实施是有效果，并且是有效率的。这就要求企业各层次的管理者都能够参与战略的制定、识别和实施，还必须得到合理的组织结构、技术、人力资源、信息系统、激励机制、领导风格、企业文化等全方位的支持。

6. 战略控制

战略控制系统是为评估企业战略过程而制定的系统，战略控制的目的是保证战略目标能够顺利实现。当企业行为偏离战略计划时，则采取纠正行动。战略控制系统必须鼓励与计划一致的有效行动，同时还要能够适应变化的情况而采取灵活的行动。控制系统包括绩效指示器、信息系统和具体的监督机制。

通过对战略管理的分析和描述，可以得到：战略管理的核心是在变幻不定的环境中确定企业的发展领域和方向，是在市场调研、分析、预测的基础上，确定企业发展战略，搞好市场定位、新产品开发，做到经营决策快、产品开发快、投放市场快、资金周转快。企业要适应不断变化的环境，制定出适应市场变化的战略目标，就需要富有变革和创新精神的企业家不断运用新产品、新技术、新材料、新设备，开拓新市场，不断革新企业的组织与管理。在世界竞争力评价指标体系中，评价企业战略管理能力的指标有企业家精神与创新精神、企业高级主管从事国际经营的经验等。

（二）企业组织结构

1. 企业组织结构

企业竞争力的大小，主要表现在能否对宏观调控和市场信号做出灵敏反应，以便企业能迅速地调整竞争战略，这与企业设计、采取何种类型的组织结构具有密切的关系。

组织结构是表现组织各部分排列顺序、空间位置、聚集状态、联系方式以及各要素之间相互关系的一种模式，是执行管理和经营任务的体制。它的内涵是人们在职、责、权方面的结构体系，主要包括：

第一，职能结构，即完成企业目标所需要的各项业务工作及其比例和关系。

第二，层次结构，即管理层次的构成，是组织的纵向结构。

第三，部门结构，即各管理部门的构成，是组织的横向结构。

第四，职权结构，即各层次、各部门在权利和责任方面的分工及相互关系。组织结构犹如人体的骨架，在整个管理系统中起着框架和保护的作用，有了它，系统中的人流、物流、信息流才能正常流通，使组织目标的实现成为可能。

2. 企业中不同组织结构类型的优劣势

组织结构由于集权和分权程度的不同，可划分为相对集权的"机械"组织结构和相对分权的"有机"组织结构。现代企业的组织制度表现为公司制和集团制，其组织结构则表现为事业部门型组织结构和控股公司组织结构。这两种类型的组织结构都实行产权、经营权分离和内部分权机制，但又各有其优势和劣势。

(1) 集权的职能制组织结构

简称 U 型结构，其特点是权力集中于企业最高管理层，实行等级化集中控制。企业的生产经营活动，按照职能不同，分成若干垂直的管理部门，每个部门实行职能分工，并直接由最高主管协调控制。

U 型结构的优势在于：分工严密，职责明确，实行专业分工，有较高的工作效率。但又有其缺点，如过度集权，适应性差，不利于企业内部培养管理人才等。U 型机构只适用于小规模、产品单一、市场销售较稳定的企业。

(2) 事业部制组织结构

简称 M 型结构，其特点是按计划统一分配资源，市场的特点是按价格机制分配资源。公司的业务按产品、服务、客户或地区划分为事业部门，公司总部授予事业部门很大的经营自主权。事业部门下设自己的职能部门，如生产、销售、开发、财务等，独立核算、自负盈亏。每一个事业部都是一个利润中心，公司的管理方式是"集中决策，分散经营"。

M 型结构的优势在于：既有较高的稳定性，又有较高的适应性；能充分发挥各事业部对经营管理的积极性、主动性，又有利于公司总部摆脱具体事务；有利于培养出全面的管理人才；由于每一个事业部是一个利润中心，便于建立考核部门绩效的标准。但事业部制也有其缺点，如滥用资产、机体臃肿、资源流动困难等。

(3) 控股公司型组织结构

简称 H 型结构，是通过母公司对子公司进行控股并管理的一种内部分权组织形式。H 型结构的特点是：以资产关系为纽带联结母公司与子公司的关系；子公司在法律上是具有法人地位的独立企业。

H 型结构的优势在于：由于母公司同子公司在法律上各为独立法人，母公司无须承担子公司的债务责任，相对降低了经营风险；子公司无法依赖母公司，使子公司有较强的责任感和经营积极性。其缺点是母公司对子公司不能直接严密控制；母、子公司都须纳税。H 型组织结构适用于跨行业多种经营的大型集团公司。

(4) 反应型组织

上述的 U 型、M 型和 H 型组织结构是正规结构，是组织内部对工作的正式安排。同时，在现代瞬息万变的企业环境中，反应能力快速、灵活和适应变化需求的能力，对企业保持竞争优势和提升竞争力也是至关重要的，因此，企业应建立起反应型组织。

反应型组织主要是对组织规模、环境、技术及战略的变化做出反应，使组织能够迅速得到调整，适应变化。如网络组织、学习型组织、团队组织、战略联盟、柔性制造组织、高参与组织等都属于反应型组织，是非正规组织结构。这类组织结构具有快速反应能力、创新性、潜在的柔性和极强的适应性，为企业创造竞争优势。网络组织具有快速反应能力，并降低成本和风险；团队组织能增强员工的凝聚力，是企业生产力、质量、成本节约、速度、变革和创新的力量；战略联盟组织能更好地开发新技术、进入新市场和降低制造成本；学习型组织使自身比竞争对手学习得更快，更具竞争优势；高参与组织是通过员工和管理者共同工作实现企业目标来激发高度的参与和承诺，完成复杂的创造性的工作，在创新和速度上超越竞争对手。

以上各种组织结构都有自己的特点和优势，企业应能够根据自身的状况以及环境的变化不断地选择、改变、创新最具竞争力的组织结构。反映企业组织结构方面竞争力大小的指标主要有公司董事会作用、公司规模等指标。

四、我国企业的管理创新实践

加强科学管理是提高企业经济效益的根本途径。我国是一个文明古国，在五千年漫长的历史中，中华民族创造了光辉灿烂的物质文明和精神文明。祖先在改造自然、治理国家的实践活动中，经过长期艰辛探索，创造了很多管理办法，积累了丰富的管理经验。这些管理经验既有微观的治生之学，也有宏观的治国之道，涉及诸子百家、经史子集、名家文论等各个方面。

这些管理思想内涵十分丰富的经典作品，值得我们深入分析研究，以期从中获得启示。

我国企业的管理创新，需要挖掘、研究蕴藏在民族文化遗产中的管理思想和管理经验，批判地继承，吸收其精华，并在现代管理理论研究和实践中加以融合和创新。

（一）博采众长

随着企业发展趋势的变化，企业管理的新趋势也随之产生：管理中心人本化、管理组织扁平化、管理权力分散化、管理手段信息化；各种管理新方法也应运而生，如重新设计企业流程、及时生产、灵活生产、横向管理、柔性制造、组织修炼、团队建设等。

西方的这些管理理论、管理技术和管理方法都是人类智慧的结晶，要根据国情，弃其糟粕，取其精华，融汇提炼，为"我"所用。

（二）适应市场

适应市场，增强企业的应变能力。当前，我国企业面对的市场环境发生了很大的变化，我国的市场已由卖方市场转变成为买方市场；与国际市场的联系日趋紧密，经济发展的对外依存度明显增加；市场化程度大大提高，市场细分化逐步加强，市场从不规范到逐步规范，市场竞争日趋公平和更加激烈，信息化和经济全球化也从根本上改变了企业的内外关系。市场环境的这些变化将会带来一系列现代经营管理上的问题，如市场预测、消费者行为的分析、对竞争对手的应战策略等。企业必须就经营目标、内外部环境以及同环境的积极适应等问题进行谋划和决策，制定企业发展的方针和目标，以实现企业环境、企业能力、企业经营目标的动态平衡和统一。企业管理必须在抓好生产管理的同时向两头延伸：向后延伸到产品营销和售后服务，把产品设计开发能力、市场营销能力"两头小"而生产环节"中间大"的橄榄型管理体制，转变为"两头大、中间小"的"哑铃型"管理体制。从市场出发，按市场需求实施生产、销售、服务、信息反馈、科研开发的全过程管理；要把市场机制引入企业内部，运用市场规律优化资源配置，盘活存量资产、加快技术进步、提高运作效率，切实把企业工作的基点落实到以市场为中心的思路上来。企业管理的重心也必须紧紧围绕市场和竞争环境的变化，制定企业的应战策略，提升企业的应变素质。适应市场，增强企业的应变能力，需要注意如下方面：

1. 要具有国际化经营意识

21世纪是全球经济一体化的新时代。生产的国际化、市场的国际化、消费的国际化，使许多企业的发展都离不开国外市场的开拓和先进技术的引进和利用。可以说，企业经营管理的国际化，跨国公司的发展，对每个企业和世界经济的发展，都起到巨大的作用。

2. 应当树立危机意识

要认识到，生存危机能激发企业的成长机能。

3. 要不断地把握市场竞争变化的规律

消费者对产品性能和质量要求的差异化，技术进步的快速化，市场竞争的激烈化，都会为企业成长提供新的机遇和空间。机遇对众多的企业来说是公开的，具有普遍性，但具体到每个企业能否有效地把握它和利用它，却有着特殊性。实践证明，企业为了掌握未来市场变化的规律，要对市场做出迅速灵敏的反应，特别是对市场可能出现的机遇要进行分析研究。例如，通过对市场竞争者和消费者情况的了解和认识，以分析可能出现的机遇；对可能出现的机遇能够应付的优势和劣势进行预测。企业要正确利用机遇，必须进行寻机管理，提出可能采取的对策和方法；对机遇采取或不采取对策所产生的预期结果要进行分析，以便为利用机遇做出最后决策。只有那些能预见到市场变化规律而超前采取寻机管理的企业，才能引导消费者的消费趋向，取得好的经济效益。

4. 实施灵活多样的弹性化管理

由于经济结构的变化，消费者需求多样化，过去的企业是围绕着物品和资金流动组织起来的，而现在则变为围绕着信息的流动来组织，这样，管理格外需要富有弹性和适应性。弹性管理是在扎实的基础工作、完善的管理制度和精细管理操作前提下的延伸和发展。它是在现有管理根基上因情景变化的创新。对我国的企业来说，应当在搞好现有管理工作的同时，密切关注管理工作正在发生的这种弹性变革。

（三）以人为本

以人为本，注重人才开发，增强企业整体创新能力。人本管理是20世纪60年代提出的，到了20世纪80年代已受到国内外企业的普遍重视。

企业的管理创新是以人为本，依靠人完成的创新活动，是以企业家为主导的职能性创新，以企业员工为主体的全员性创新。企业管理创新的成效直接取决于创新主体的创新精神和创新能力。

以人为本，注重人才开发，首先需要企业家有创新的激情，发挥主导作用。因而加强企业家素质、知识、才能、风险意识和创新精神的培养刻不容缓。高素质企业家短缺已经成为制约企业竞争力的最大因素。我国国有企业领导人大部分是由政府部门选派的，很多人创新动力和创新能力不足，当务之急是从制度上使企业经营者职业化，并真正向企业家过渡。同时必须建立完善的考核制度，形成与现代企业制度相适应的激励和约束机制，即建立科学的企业家制度。

当前，人本管理普遍推行，企业员工已成为企业管理活动的主动参与者，没有企业员工的理解、支持与参与，企业管理创新是无法取得成功的。企业家要尊重员工、关心员工、依靠员工、激励员工，发挥员工的主观能动性，激发职工的创造热情。要加强全员职业培训，提高专业技能和文化素质，提倡、鼓励、促进形成企业成员的学习、创新欲望，形成一种集体的创造力和创新能力，积极投身到管理创新中来。

以人为本，注重人才开发，增强企业整体创新能力，需要注意如下方面：

（1）在人力资源开发过程中，要从传统的人事管理进一步转向人才开发管理。企业人力资源是一个企业全体职工所具备的现实和潜在的生产能力。传统的人事管理视人力为成本，往往以事为中心，注重现有人员的管理；而人力资源开发把人视为一种稀缺的资源，是以人为中心，强调人和事的统一发展，特别注重开发人的潜在才能。人才开发管理除具有人力资源开发的特征外，更加注重人的智慧、技艺和能力的提高与人的全面发展，尤其是人的智力资源开发。未来企业的资本不仅仅是金钱，而是要求人的智能和发挥人才智能资本的作用。如果说传统产品属"集成资源"，而未来的产品则属"集成知识"，智能资本将导致"世界财富的一次大转移"，即企业的成功将从自然资源的拥有者转移到那些拥有思想和智慧的人的手中。也就是说，未来企业的发展，不只是靠设备好、技术强，同时要靠那些具有高智慧的人。

（2）加强职工培训和继续教育，注重智能资本投资，开发职工的创造力。企业需要具有创造力的能人治理。智能资本是指企业花费在教育、培训等人才综合素质再提高方面的开支所形成的资本，它比一般的人力资本投入会带来更长期的收益。因为智能资本和金融资本、物质资本不同，无法将它与所有者分离，它是人们原本拥有的技术、知识、能力和价值观的继承，它具有人才资本的积累性。

现代企业的发展不仅需要一定素质的劳动者，而且需要超出常人的、高素质的综合智能。用丰富的人才资本优势转化、替代物质资本、自然资源和技术的优势，势在必行。

（3）培育企业精神，把建设企业文化和塑造企业形象的活动引向深入。企业文化和形象建设是20世纪80年代以来企业管理理论丛林中分化出的一种新理论，被人们称为管理科学发展的"第四次革命"或新阶段。

文化与形象建设的深化，主要应在以下方面努力：

第一，致力于企业价值观的塑造。因为企业文化的核心是企业精神，企业精神的核心是企业的价值观，企业形象识别系统的核心是企业的理念识别系统。企业的价值观是企业广大职工对客观事物、对自己从事生产经营活动意义的看法和总评价，是劳动者的价值观念在生产和生活中的沉积，它对构成企业文化、企业形象的诸要素，即企业的经营宗旨、经营战略和职工的行为规范等起着导向和决定作用。

第二，注重突出本企业的气质个性。在未来国内外市场竞争日渐激烈的情况下，企业自己的经营没有特色，产品没有特性，管理没有气质，不能使广大消费者感知到与其他企业的差别，将很难自立于国内外市场。

当前，我国企业在这些方面存在的问题，主要是对企业精神、企业文化、企业形象建设内容的归纳和升华雷同化，没有自我个性，所以成效不大。为应对未来的竞争，必须改变这种状况。

总之，就我国企业改革而言，必须注重管理创新，坚持"管理创新、制度创新、技术并举"的方针，在深化体制改革中推动管理创新，在坚持技术进步中注重管理创新，只有这样，才能提高企业整体管理水平，从而更快、更好地促进企业生产率、经济效益的提高及企业集约化规模的扩大，实现微观经济的发展，促进宏观经济增长方式的转变，推动整个国民经济快速、持续、健康地发展。

参考文献

[1] 成静. 中小企业财务会计准则解析与管理实务 [M]. 西安：西北工业大学出版社，2021.

[2] 袁建国，周丽嫒. 财务管理第 7 版 [M]. 沈阳：东北财经大学出版社，2021.

[3] 杨锦艳，乐曼，谢志钦. 会计综合实训教程 [M]. 上海：立信会计出版社，2021.

[4] 郭艳蕊，李果. 现代财务会计与企业管理 [M]. 天津：天津科学技术出版社，2020.

[5] 李传军，李强. 企业财务管理 [M]. 北京：清华大学出版社，2020.

[6] 王建文. 管理会计学 [M]. 北京：科学出版社，2020.

[7] 孙湛. 现代财务管理 [M]. 北京：清华大学出版社，2020.

[8] 葛军. 会计学基础 [M]. 北京：科学出版社，2020.

[9] 孙述威. 管理会计 [M]. 北京：北京交通大学出版社，2020.

[10] 叶陈刚，刘风明，陆军. 基础会计学 [M]. 北京：经济科学出版社，2020.

[11] 钟爱军，张娜依. 会计学原理与实务 [M]. 北京：经济科学出版社，2020.

[12] 张原，狄颖琦，林春涛. 财务管理学 [M]. 西安：西安交通大学出版社，2020.

[13] 王盛. 财务管理信息化研究 [M]. 长春：吉林大学出版社，2020.

[14] 谭秋云. 业财税融合项目财务管理 [M]. 北京：电子工业出版社，2020.

[15] 王雅姝. 大数据背景下的企业管理创新与实践 [M]. 北京：九州出版社，2019.

[16] 韩吉茂，王琦，渠万焱. 现代财务分析与会计信息化研究 [M]. 长春：吉林人民出版社，2019.

[17] 李荣，顾晓良. 现代企业预算管理 [M]. 沈阳：东北财经大学出版社，2019.

[18] 温新生. 现代财务会计与审计核算 [M]. 北京：九州出版社，2019. 12.

[19] 董艳丽. 新时代背景下的财务管理研究 [M]. 长春：吉林人民出版社，2019.

[20] 常茹. 财务会计实训教程 [M]. 北京：经济科学出版社，2019. 01.

[21] 周浩，吴秋霞，祁麟. 财务管理与审计学习 [M]. 长春：吉林人民出版社，2019.

[22] 周虹，耿照源. 会计学基础 [M]. 杭州：浙江大学出版社，2019.

[23] 高红艳. 现代企业管理制度与文化研究 [M]. 长春：吉林教育出版社，2018.

[24] 张显国，夏金平. 企业财务管理实务 [M]. 北京：北京出版社，2018.

[25] 高晓丽. 集团企业财务管理实务 [M]. 北京：中国财政经济出版社，2018.

[26] 李华. 企业财务会计 [M]. 杭州：浙江大学出版社，2018.

[27] 肖康元. 管理会计 [M]. 上海：上海交通大学出版社，2018.

[28] 王新平，陈淑芳，薛小荣. 财务管理第3版 [M]. 上海：立信会计出版社，2018.

[29] 孔令一，徐嵩杰. 财务管理学 [M]. 沈阳：东北财经大学出版社，2018.

[30] 景秋云，吴萌，吴韶颖. 财务管理理论与实务研究 [M]. 北京：中国商业出版社，2018.

[31] 李玉菊. 以企业资源为基础的财务报告体系研究 [M]. 北京：北京交通大学出版社，2018.